『デブ味覚』リセットで10日で－3kg！

レモン水うがいダイエット

歯科医師
宮本日出

あさ出版

にやせました!

BEFORE

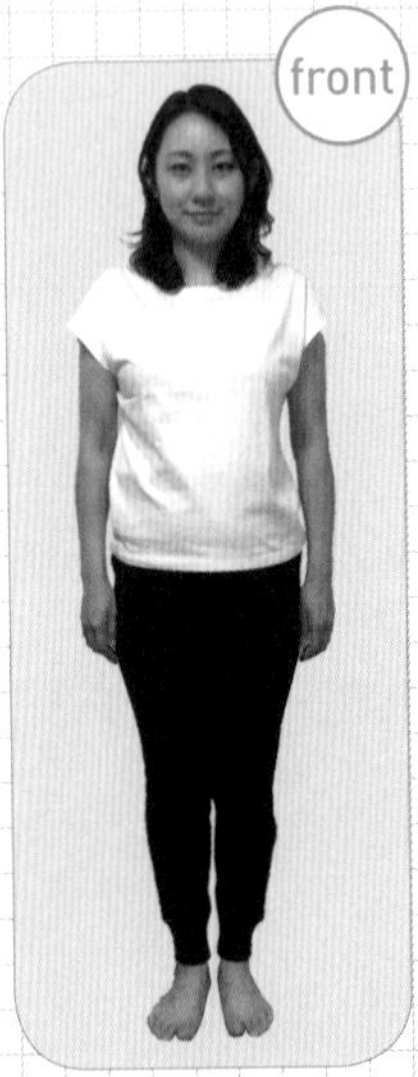

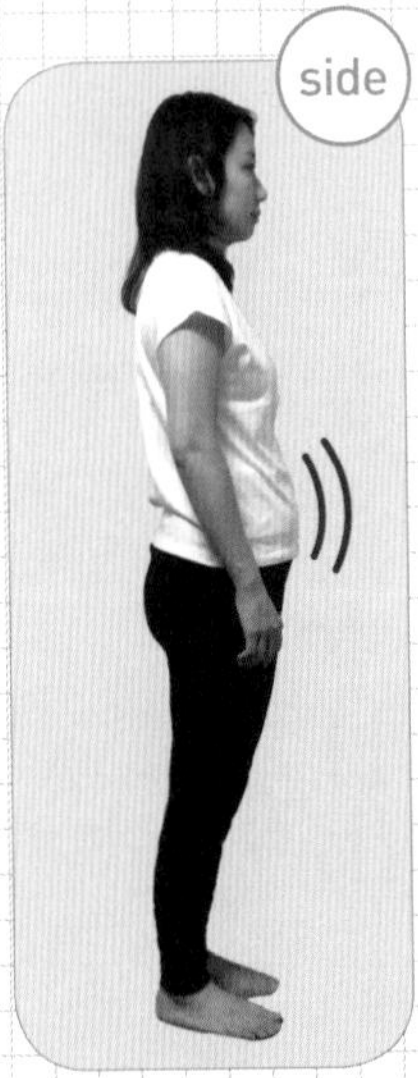

ウエストまわり	67cm
体脂肪	31.5%
BMI	21.9
体重	55.4kg

4日目		5日目		6日目		7日目		8日目		9日目		10日目	
朝	夜	朝	夜	朝	夜	朝	夜	朝	夜	朝	夜	朝	夜
53.9	54	53.5	53.4	53.2	53.1	53	53.2	52.7	53.1	52.3	52.5	51.8	52.1

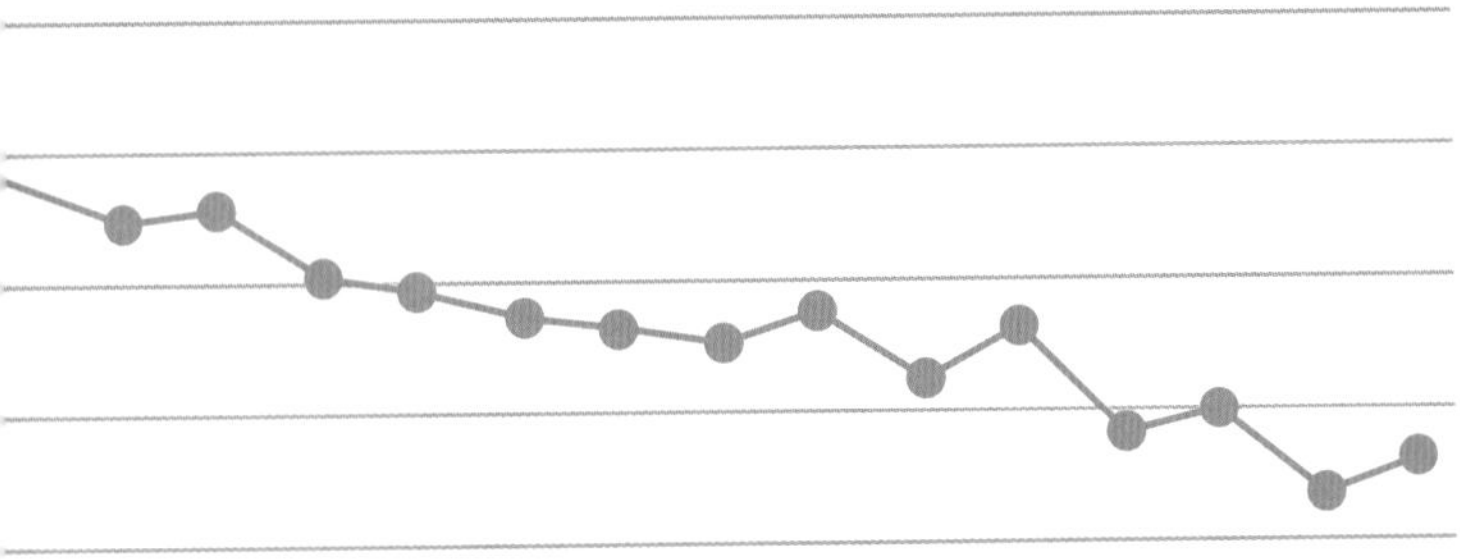

10日間でこんな

AFTER

face

front

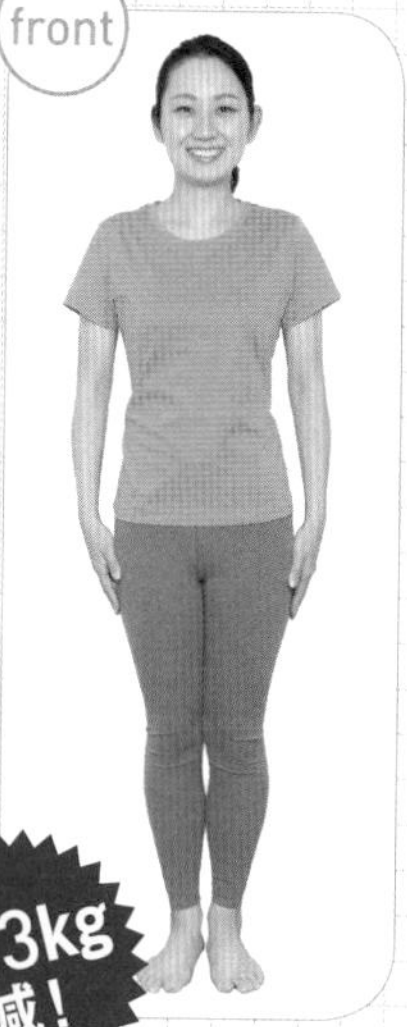

side

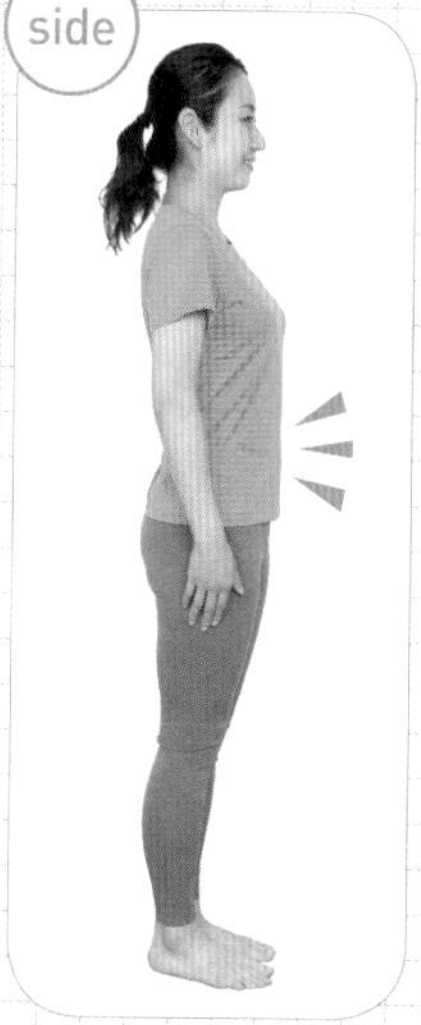

ウエストまわり	64cm
体脂肪	27.6%
BMI	20.6
体重	52.1kg

-3.3kg減!

30歳になり、だんだんと下腹部の脂肪が気になるようになりました。食べるのが大好きなので、普段はついつい食べすぎてしまっていましたが、レモン水うがいダイエットを始めたところ、食べすぎがなくなり、悩みだった便秘も解消しました。お腹まわりがすっきりしてきて、まわりの人からも「きれいになったね」と褒められました！ うれしい!! レモン水うがいダイエットは食べるのを我慢している感覚も少ないので、これからも続けられそうです。

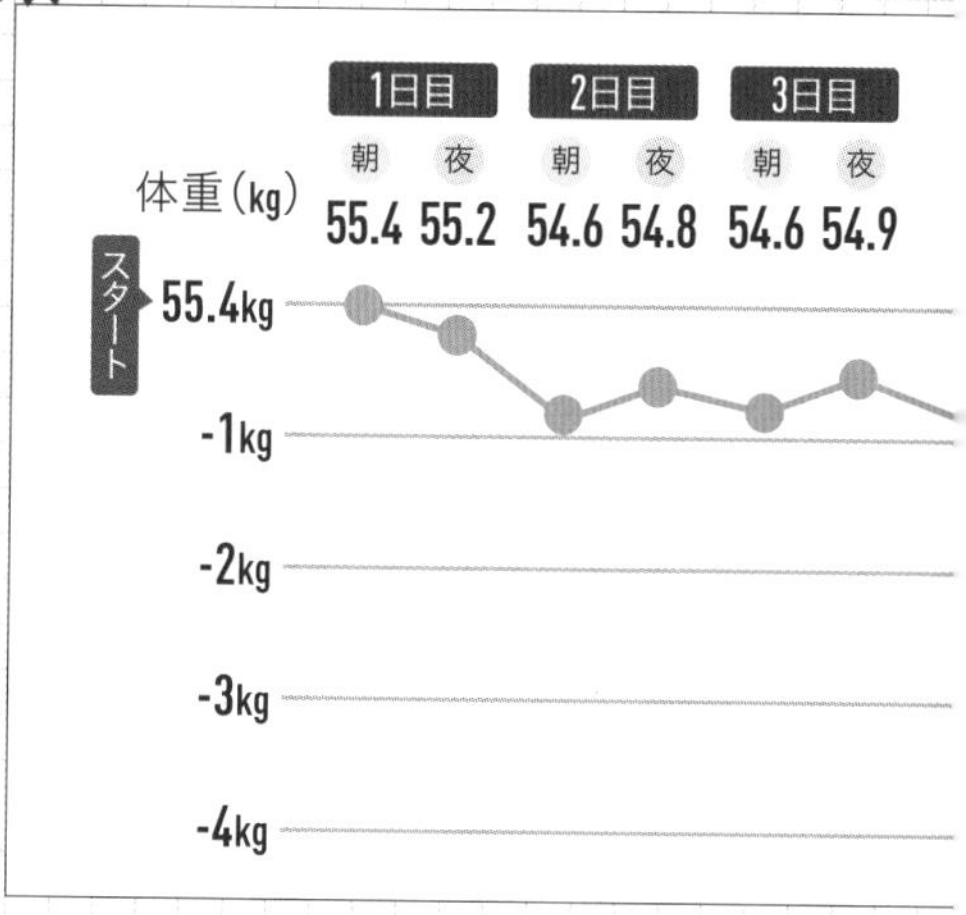

うがいをするだけで
みるみるやせる
レモン水うがいダイエットとは

はじめまして。歯科医師の宮本日出《みやもとひずる》です。私の身長は170㎝で、体重は68・5㎏。3か月で11・3㎏の減量に成功し、ここ数年でベストな体重と体調になりました。いま一番困っているのは、これまで着ていた服が〝やせすぎて〟着ることができなくなってしまったことです。

ハードな全身運動や筋肉トレーニング、ストイックな食事制限をしているわけではありません。毎日ふつうに食事をしながら時々お酒もたしなむ、ごくふつうの生活をしています。

そんな私が減量に成功した理由は、**「レモン水うがい」で本来の味覚を取り戻したから**です。

▶▶▶

肥満の人は、濃い味のものや脂肪の多い食べ物を好む**「デブ味覚」**になっていると医学的にいわれています。デブ味覚になると、さらに濃い味のもの、脂肪の多い食べ物を好み、ますます太っていく……という負のループに入ります。

つまり、この「デブ味覚」をもとの健康的な味覚に戻せば、食生活そのものが変わり、体は自然とやせていくのです。

本書で紹介する「レモン水うがいダイエット」は単に体重を落とすのが目的ではありません。やせても不健康になってしまっては意味がないからです。

「レモン水うがいダイエット」は、**乱れた食生活を健康的な食生活に変え、健康な体型に近づけていくことのできるダイエット**です。

食前にうがいをするだけなので、これまでハードな運動のダイエットや、食事制限ダイエットで挫折してきた人でも大丈夫です。

「レモン水うがい」を行いながら食事を思う存分楽しみ、自然と健康的な体型に近づけていきましょう！

たった10日間で食事がこんなに変わる!

私が「レモン水うがい」を本格的に始めたのは、2020年冬ごろのこと。コロナ禍の外出自粛期間中に太ってしまった患者さんから「口腔のしくみを利用したダイエット法はないですかね」と言われたのがきっかけです。さまざまな論文を読み込み、試行錯誤の末たどりついたのが、**レモンの苦味で健康的な味覚を取り戻す「レモン水うがいダイエット」**なのです。

私はもともとお酒を飲むことと食べることが大好き。毎晩、麻婆豆腐や焼きそばなど、こってりしたものを含む4～5種類の酒の肴《さかな》を作って完食していました。

ところが、「レモン水うがい」を始めてからというもの、食の好みが変わり、こってりした食べ物よりも、だしの味や旨味《うまみ》を感じる食べ物を好むようになり、**料理も薄味のものを**

ほんのちょっと食べるだけで満足できるようになりました。

79・8kgあった体重も1週間で2・4kg減って、その後もじわじわと減り続け、なんと**3か月で11・3kg**も減りました。

こうした実体験から、やせたいと思っている知人にレモン水うがいダイエットを紹介して、成果を報告してもらうことにしました。すると、ほとんどの人がレモン水うがいダイエットを始めて1〜2日目で食欲が抑制されるのを感じ始め、3日目くらいからは、**「体が軽くなった」**や**「洋服がゆるくなった」**と感じる人が続出し始めました。普段食べていた量の食事が食べられなくなったというのです。食べ物の好みも「濃い味→薄い味」「脂っこいもの→あっさりしたもの」と変化することがわかりました。こうした多くの人の体験から、「レモン水うがい」の効果を確信しました。

レモン水うがいダイエット 4つの効果

効果

1　我慢しなくても、食欲が抑えられる!

「レモン水うがい」をすると、食べ物の「苦味」を体が敏感にキャッチします。大脳皮質へ「満腹」のシグナルが送られるため、食欲が自然に抑制されます。

効果
2　リバウンドしにくい！

「レモン水うがい」で自然に味覚が変わるので、ダイエット終了後も少量の食事で満足できるようになります。過度な食事制限をしないので、リバウンドしにくいダイエット法です。

効果
3　健康的にやせられる！

炭水化物や脂肪のとりすぎで鈍っていた味覚が、本来の味覚に戻ります。過度な食事制限ダイエットではないので、栄養バランスのとれた食事をしながら、健康的な体型に近づけていくことができます。

効果
4　何歳になっても効果を実感できる！

舌の味蕾《みらい》細胞は、何歳になっても細胞が生まれ変わる周期は変わりません。味覚が鈍化するといわれる中高年以降の方も同様で、レモン水うがいをするだけで高い改善効果を実感できます。

レモン水うがいで用意するもの

水

常温水を使います。市販のミネラルウォーターでも水道水でも、どちらでもかまいません。

計量カップ

水の量を量るのに使います。

レモン果汁

市販の還元レモン果汁100％のものを使います（保存料無添加の場合は開栓後、冷蔵庫で保管し、1〜2週間をめやすに破棄してください）。

計量スプーン（5mℓ）

レモン果汁の量を量るために使います。計量スプーンがなければ、ティースプーンでもOKです（たいていのティースプーンは容量が5mℓとなっています）。

うがい液の作り方

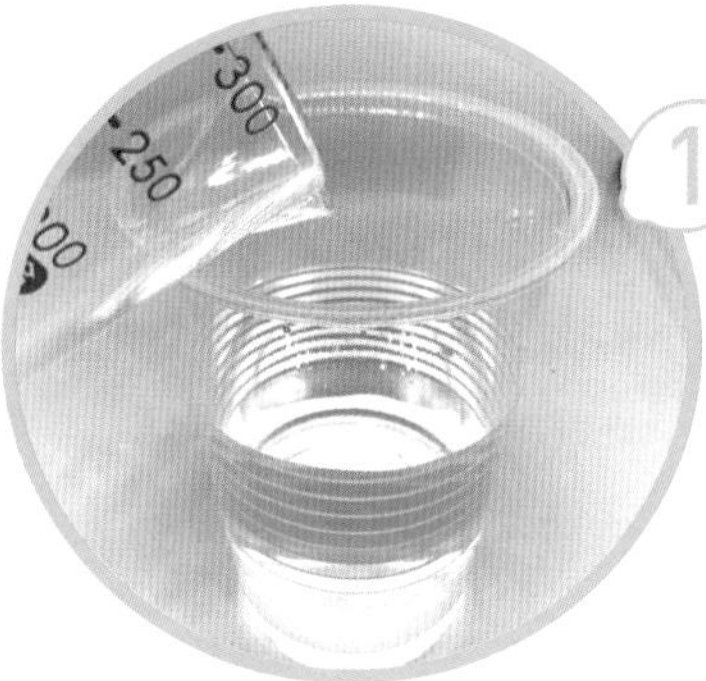

1

コップに常温水を入れる

計量カップで常温水100㎖を量り、コップに入れます。

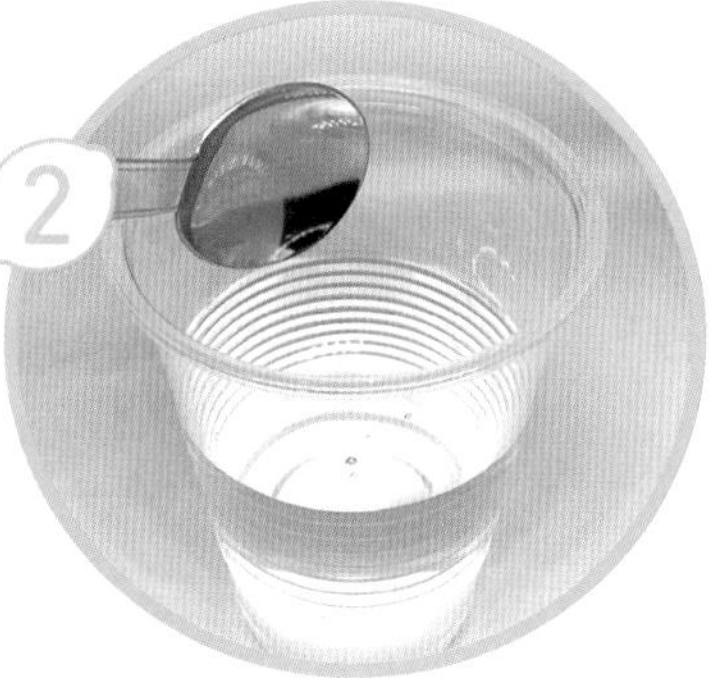

2

レモン果汁を加える

計量スプーン1杯（5㎖）のレモン果汁液をコップに入れて、濃度約5％のレモン水を作ります。

3

スプーンでよく混ぜる

濃度が均一になるように、よくかき混ぜます。

How to レモン水うがい

レモン水うがいの手順 1

レモン水を約5秒間かけて舌全体に広げる

作ったレモン水の約3分の1（約30㎖）を口に含み、
レモン水が舌全体に広がるよう舌を動かす。

レモン水うがいの手順 2

唇を閉じて、約5秒間「ぶくぶくうがい」をする

レモン水を口に含んだら、両方の頬をふくらませたり縮めたりし、すばやく“ぶくぶく”とうがいをする。舌の上にレモン水をしっかり広げるように行う。唇まわりの筋肉が弱っている人は、勢いよくうがいをすると唇からうがい液が漏れるので、勢いを弱めてうがいをする。

レモン水うがいの手順 3

頭を後ろに傾け、約5秒間「がらがらうがい」をする

頭を後ろに傾けたら、口を少し開けて、“がらがら”とうがいをする。
舌の奥のほうにレモン水が届くよう、
少し下顎を上に突き出し、息を吐き出しながら行うとよい。
終わったら、レモン水を吐き出す。

※高齢者の場合は、誤嚥のおそれがあるので十分注意する。

レモン水うがい 7つのポイント

ポイント **1**
市販の果汁100%のレモン果汁を使用する
味覚に関する国内の多くの研究では、レモン果汁100%のものが使用されています。同じものを使うことで、同等の効果が期待できます。

ポイント **2**
レシピ通りにレモン水を作る
レモン濃度は5%前後にしてください。濃くなると口の中が痛くなって、うがいをするのが苦痛になります。反対に濃度が薄いと、苦味に対して敏感にならないため、食欲抑制効果が期待できません。

ポイント **3**
レモン水を舌の奥にしっかり広げる
がらがらうがいをしているとき、レモン水を舌の奥に触れさせるよう意識しましょう。苦味を感じるところは舌の真ん中の奥にあります。そこにレモン水が届くことで苦味に敏感になり、ダイエット効果が期待できます。

ポイント **4**
うがいの5分後をめやすに食事を始める
医学的に証明された「苦味に敏感になる時間」は、うがい後5分です。そのため、食事はうがいの5分後をめやすに開始しましょう。もし10分以上時間が空いたら、もう一度レモン水でうがいをしましょう。

ポイント **5**
食後はフッ素入りの歯磨き粉で歯を磨く
レモン水は酸性で、食後も口の中が酸性に傾きます。酸は歯を溶かしやすくするので、食後はなるべくフッ素入りの歯磨き粉で歯を磨き、歯を強化しましょう（歯質を強化するキシリトール入り歯磨き粉でもOKです）。

ポイント **6**
口の中の汚れをきれいにしたいときはレモン水を使わない
レモン水うがいの目的は味覚に変化を生じさせることです。口の汚れが気になるときは、真水で洗うようにしましょう。

ポイント **7**
間食の前にレモン水うがいをしない
基本的にダイエット期間は間食を控えてください。もし間食をするのであれば間食前のレモン水うがいは控え、3度の食事前だけにしましょう。

ダイエット体験者の声

36歳・女性

食前にうがいをしてレモン水を飲むだけだったので、とても簡単でした！　初回から味覚が変わるのを感じました。**自然と食べすぎることがなくなり、体が軽くなったのがうれしいです！**　また、続けることでそれまでの食事の味が濃く感じるようになり、作る料理が薄味になっていきました。健康にも良さそうなので、これからも続けていこうと思います！

34歳・女性

甘いものが大好きで間食をやめられなかったのですが、レモン水うがいを始めてから間食が減り、**3回の食事だけで満足できるようになりました。**目覚めが良くなり、体も少し軽くなった気がします。自信がついたので、運動をしようというやる気も出てきました。少しずつ健康的な体に近づいているような気がして、とてもうれしいです。

50歳・女性

大型連休中にレモン水うがいダイエットに挑戦しました。休日は体を動かす機会が減るので体重が増えるかと思いましたが、運動をしなくてもレモン水うがいのおかげで**体重が増えることはありませんでした**。これまでストレスから間食をとってしまうことが多かったのですが、レモン水うがいをしてから**間食をしたいと思わなくなりました**。10日間のダイエットが終わってからも、まだ効果を実感しています。

45歳・男性

年齢的に体重が落ちにくくなってきたこともあり、普段から朝晩の体重計測をやりながら週末は運動と体の管理には気をつけています。ただ、それでも理想の体重には落とすことができず、レモン水うがいダイエットを始めてみました。結果は**10日で1.8kg減**、その後もキープできているのにはちょっと驚きです。体の何かが変わったのかな？ そんな感じがしています。

contents

Chapter 1

うがいをするだけでみるみるやせる「レモン水うがいダイエット」の秘密

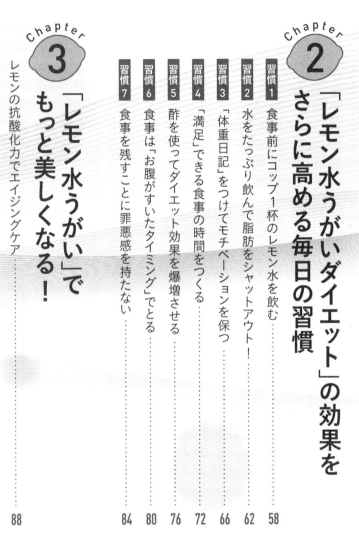

Chapter 2

「レモン水うがいダイエット」の効果をさらに高める毎日の習慣

Chapter 3

「レモン水うがい」でもっと美しくなる！

Chapter 4
「うがい」でもっと健康になる！

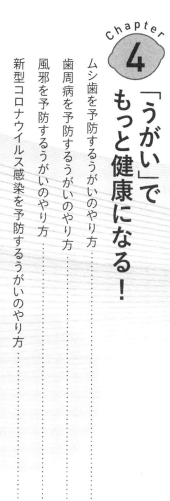

本文デザイン・DTP　**野口佳大**
編集協力　**堀容優子**
協力　**株式会社コミュニケーションデザイン**

本書の読み方

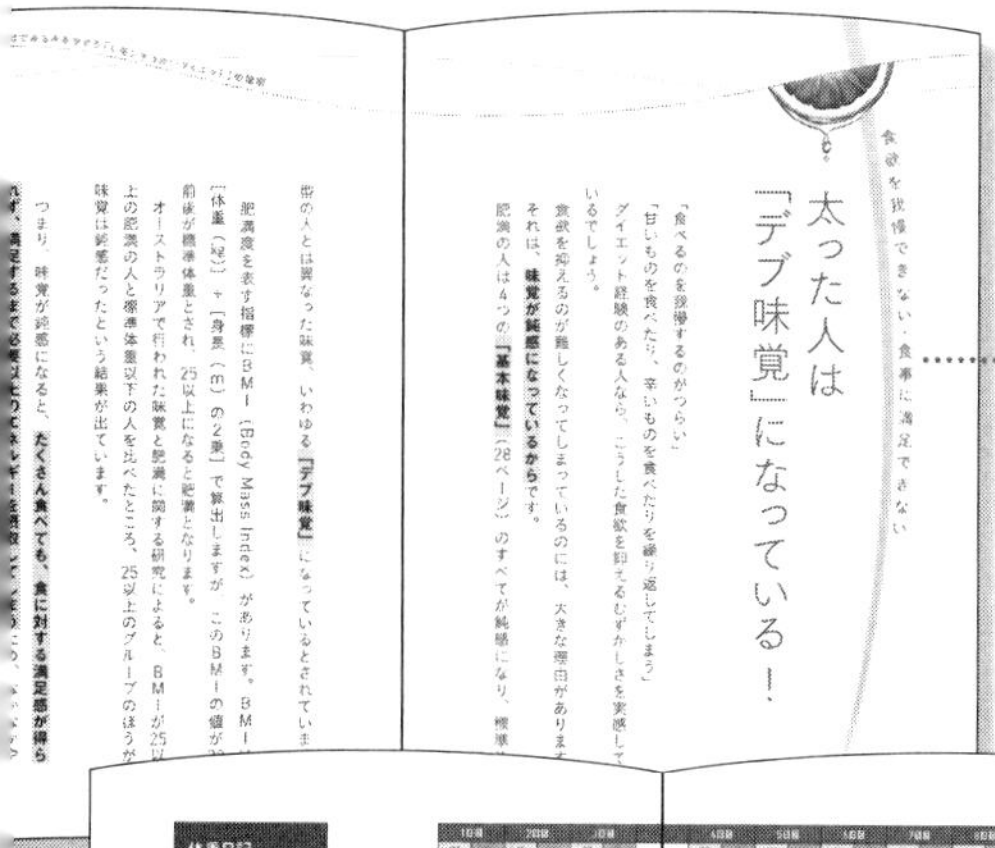

キーワード

ダイエットでの悩みやテーマを、キーワードとして掲載しています。気になるところから読んでもOKです。

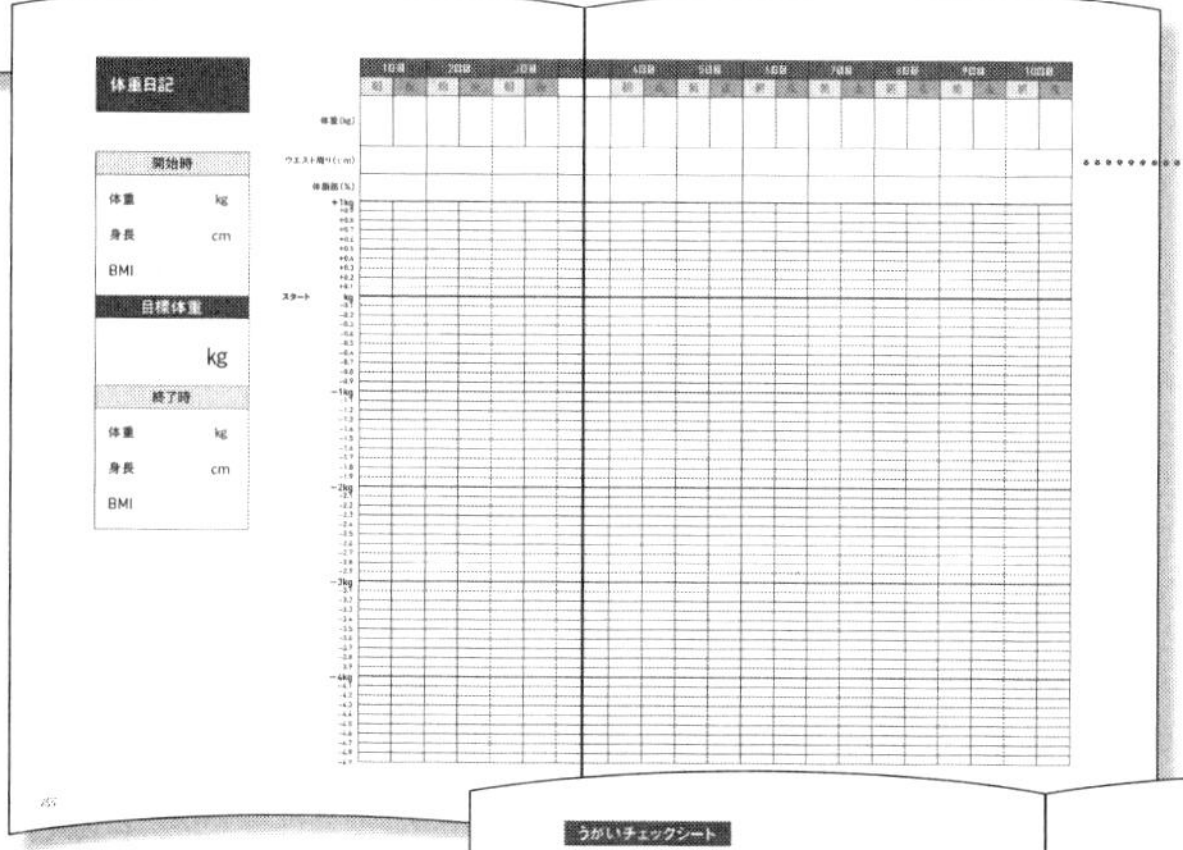

体重日記
(155ページ)

10日間の体重の変化を記録できるようになっています。日々の体重の変化をモチベーションにダイエットに挑戦してください。

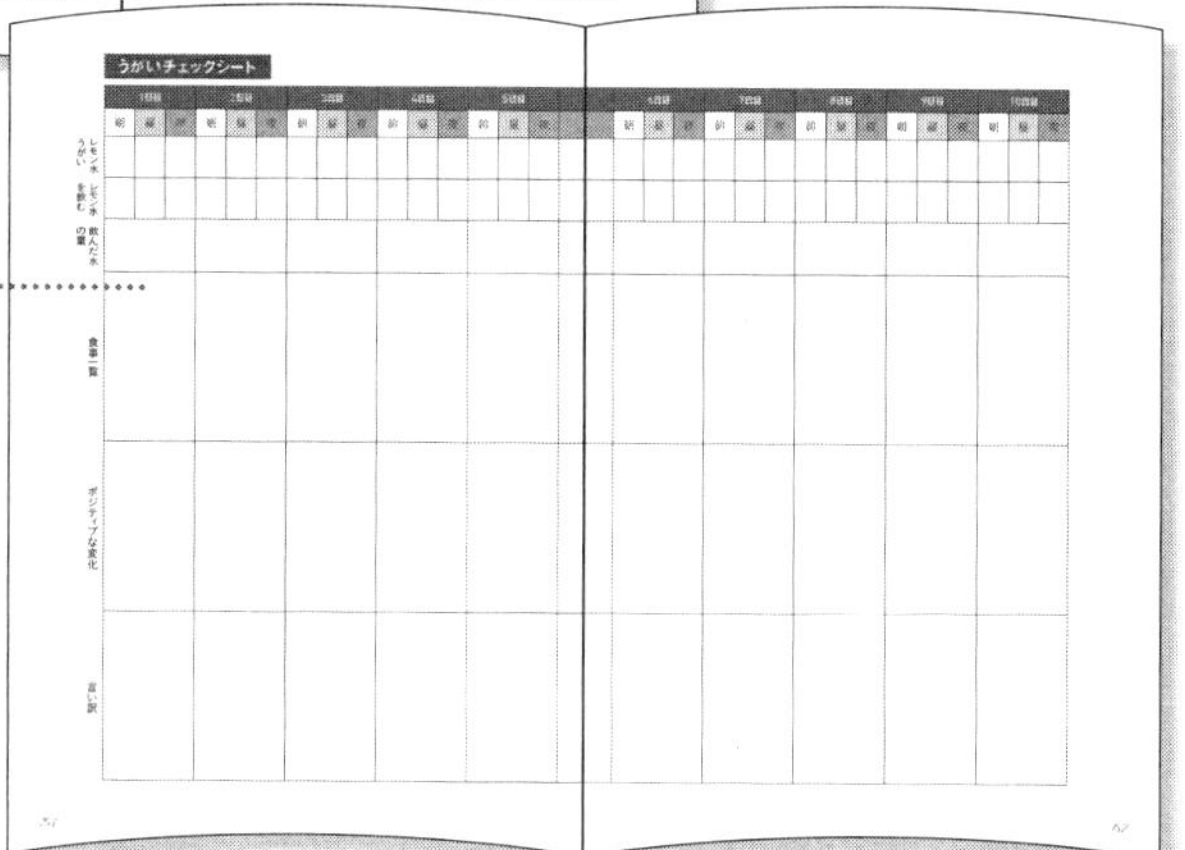

うがいチェックシート
(153ページ)

毎日のうがいを忘れないようにチェックするシートです。その日の食事メニューや変化を記入できる欄も設けています。

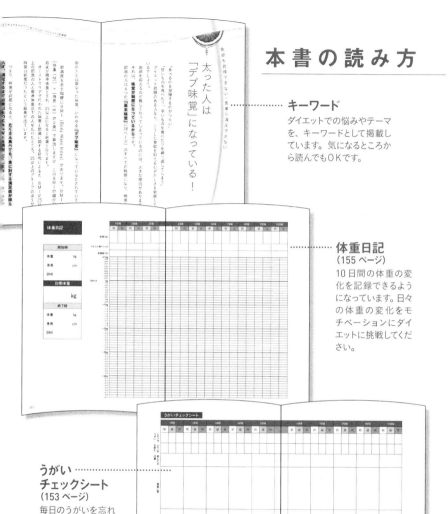

Chapter 1

うがいをするだけで
みるみるやせる

「レモン水うがいダイエット」の秘密

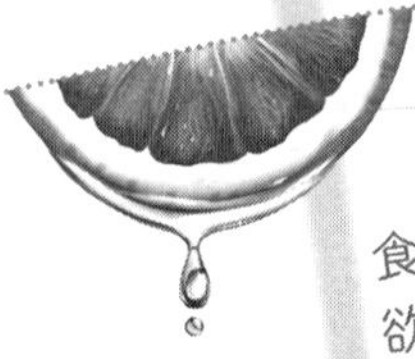

食欲を我慢できない・食事に満足できない

太った人は「デブ味覚」になっている！

「食べるのを我慢するのがつらい」

「甘いものを食べたり、辛いものを食べたりを繰り返してしまう」

ダイエット経験のある人なら、こうした食欲を抑えるむずかしさを実感しているでしょう。

食欲を抑えるのが難しくなってしまっているのには、大きな理由があります。

それは、**味覚が鈍感になっているから**です。

肥満の人は4つの**「基本味覚」**（28ページ）のすべてが鈍感になり、標準体型の人とは異なった味覚、いわゆる**「デブ味覚」**になっているとされています。

肥満度を表す指標にBMI（Body Mass Index）があります。BMIは［体重（kg）］÷［身長（m）の2乗］で算出しますが、このBMIの値が22前後が標準体重とされ、25以上になると肥満となります。

オーストラリアで行われた味覚と肥満に関する研究によると、BMIが25以上の肥満の人と標準体重以下の人を比べたところ、25以上のグループのほうが味覚は鈍感だったという結果が出ています。

つまり、味覚が鈍感になると、**たくさん食べても、食に対する満足感が得られず、満足するまで必要以上のエネルギーを摂取してしまう**ため、なかなかやせることができないというわけです。

私たちの舌には「味蕾」と呼ばれる突起物があり、そこで食べ物の味を感じます。これが味覚といわれるもので、次の4つが「基本味覚」とされています。

❶苦味
❷酸味
❸塩味
❹甘味

この4つの基本味覚は、それぞれ敏感さに差があります。

もっとも感じやすいのが**苦味**で、❶→❹の順に感じにくくなります。

苦味をもっとも敏感に感じるのは、多くの毒物に苦味の成分が含まれているからです。

体には、「苦味を感じるもの＝有害物」と無意識のうちに鋭く察知し、〝危険のシグナル〟として避けようとする本能が強く備わっています。

そのため、**苦味には食欲を抑制する働きがある**のです。

次に感じやすい**酸味**は、腐敗を感知する味覚です。これもまた、生きるための注意信号として、味を感じやすくなっています。

この「味を感じやすいグループ」である苦味と酸味の含まれる食べ物は、どちらかというと、日常生活ではとりすぎることはありません。

一方、❸塩味と❹甘味は**「味を感じにくいグループ」**です。

塩分も糖も「とりすぎてはいけない」とよくいわれますが、それはとりすぎてしまうほど「感じにくい味」だからです。

塩味を感じさせる塩分は、体内のバランスを調整するのに重要な役割を果たします。塩分不足になると栄養を体内に取り込めなくなるので、一定程度以上取り込めるように、舌は塩味を感じにくくなっています。

また、甘味を感じさせる糖は体のエネルギー源となります。確実に生命を維持するために糖をたくさん食べられるように、甘味も感じにくくなっているのです。

このように味覚は食欲と深く関係があることが、おわかりいただけたのではないでしょうか。

ダイエットを成功させるには、こうした味覚の感じ方をコントロールし、食欲を抑えることがカギとなります。

舌の味の感じやすさ

甘味の感度
1
塩味の感度
甘味の
13倍
酸味の感度
甘味の
18倍
苦味の感度
甘味の
1400倍

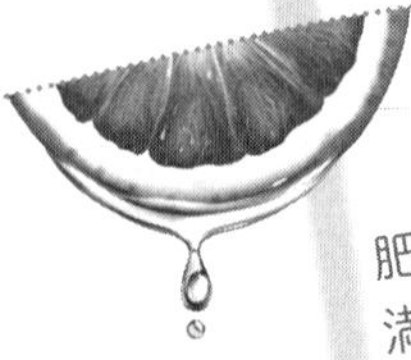

肥満ぎみ・肉中心の食生活・脂っこい食べ物が好き

太ると「脂肪味」にも鈍感になる

「デブ味覚」になると、4つの基本味覚が鈍感になるだけではありません。**「脂肪味」**という味覚も鈍くなります。

脂肪味とは、文字通り、脂肪の味を感じる味覚のことです。

脂肪味は、必要な栄養素を調整して健康を維持するために不可欠な感覚です。ところが、この脂肪味に鈍感な人ほど、肥満傾向にあることが研究結果でわかっています。

脂肪味が鈍感になる原因は、**脂っこいものを多くとる食生活**にあります。脂肪分の多い食事をとり続けていると、脂肪味が鈍感になって食べすぎてしまうのです。

健康的な食生活をするためには、三大栄養素である脂質・タンパク質・糖質のうち、**脂質からとるエネルギーを25％以下にするのが望ましい**とされています。

ところが、かつて野菜中心だった日本人の食生活は、今や肉食中心の食生活にさまがわりし、現在は男性の約4割、女性の約5割が脂質25％を超えた食事をしており、30％を超える人も2～2割5分となっています。

飽食が叫ばれて久しい今、日本人の20～50代の3分の1の人が、脂肪味に鈍感になっていることがわかったとする調査もあります。

やせるためには、脂肪味を感じるスイッチをオフにし、脂っこいものを食べない食生活に変えていく必要があるのです。

高カロリー食・朝食抜きの生活・加工食品の利用

こんな生活で「デブ味覚」になる

では、デブ味覚になってしまう食生活や、脂肪の多い太りやすい食生活になってしまう原因は何なのでしょうか。

❶ 洋食中心の食生活

現在の食生活には加工食品や出来合いの惣菜が欠かせません。

店で提供されている食事は伝統的な和食よりも洋食のほうが多いです。**洋食は総じて味が濃く、脂肪の量も多くなりがち**です。

こうした食事に慣れてしまうと、淡泊で低脂肪な食事では物足りなくなってしまいます。するとだんだんと摂取カロリー過多となり、消費されなかったエネルギーが脂肪となって体に蓄積されていきます。

❷ 朝食抜きの生活

実は、**朝食を抜く生活も太る要因の1つ**です。

朝食を抜いて長時間体内に栄養が入らなくなると、体が飢餓状態になります。体に入った食べ物から、わずかな脂肪でも体に蓄えようとするため、肥満の原因になってしまうのです。

特に若い人たちのあいだには、朝食をとらない人が増えてきています。

平成30年の厚生労働省の調査によると、20〜29歳で朝食を抜く人の割合は、男性で約29・9%、女性で約18・9%、一人暮らしの人では、男性で約68・8%、女性で約16・7%となっています。

その後、コロナ禍による在宅時間の増加により、20〜29歳で朝食を抜く人の割合は、男性で約27・9%、女性で約18・1%、一人暮らしの人では、男性で約29・2%、女性で約35・7%となっています。全体としては、コロナ禍以前よりは朝食を抜く人の割合は減りましたが、1人暮らしの女性については増加しています。

新しい生活様式の定着により、朝食をとる健康的な生活をする人が増えた一方で、収入の減少から朝食をとらなくなる人も現れるなど、二極化が進んでいるようです。

❸ テイクアウト、冷凍食品をよく食べる

新型コロナウイルス感染症による自粛生活では、8割以上の人が飲食店のテイクアウトを利用するようになり、冷凍食品やレトルト食品を活用する人も増えました。

いずれも**味が濃く、脂質や糖質の多い、ダイエットにはもっとも不向きな食事**です。

こうした生活を続けていては、どんなにダイエットをしてもうまくいきません。この食生活によってますますデブ味覚になるからです。

我慢しようにも、デブ味覚が「もっと食べたい！」と暴れ出してしまいます。脂質の多い食事をとることで、さらに味覚が鈍くなり、どんどん太っていく、という負のループに入ってしまうのです。

やせるためには、通常の味覚を取り戻し、食生活を変え、負のループをどこかで断ち切る必要があります。

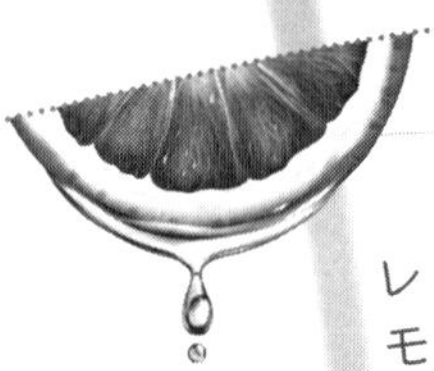

レモンの効果・やせるメカニズム

レモンで「ヤセ味覚」を育てる

ダイエットするには「デブ味覚」を「ヤセ味覚」に変えなければなりません。そのためにはまず、**舌の味蕾細胞の苦味を感じる機能を取り戻す**必要があります。

舌で苦味を感じることができれば、苦味がストッパーの役割を果たし、甘味を感じる機能が弱くなり、食欲が抑制されます。その後少しずつ、**脂肪味の少ない健康的な食事を好むようになっていく**のです。

どういうことか説明しましょう。

舌が苦味を感じると、体が苦味成分を敏感にキャッチします。キャッチされた苦味成分は信号化され、脳の視床下部へと情報伝達されます。これは無意識下で起こります。

視床下部には食事を調整する神経が2つあります。1つは食欲を高める神経であるアグーチ関連ペプチド産生神経（AgRP神経）、もう1つは食欲を抑える神経である**プロオピオメラノコルチン産生神経（POMC神経）**です。

苦味の信号はこのプロオピオメラノコルチン産生神経に伝達されるため、食欲が落ち、少しの食事量で満足できるようになるのです。

また、苦味の信号が脳に送られると味覚が根本から変わっていくため、食の好みも変化し、健康的な食事で満足できるようになっていきます。それまで好きだった濃い味のものや脂っぽいものを受けつけなくなり、あっさりした味のものをおいしく感じるようにもなっていくのです。

本書で紹介する「レモン水うがいダイエット」は、こうした苦味の働きを利用して「ヤセ味覚」を育て、デブ味覚を駆逐していくダイエット法なのです。

以前から医療現場では、味覚障害の患者に対して味蕾細胞を刺激する目的で、臨床実績が豊富なレモン水でのうがいが行われており、レモンには唾液分泌を促すだけでなく、**味蕾細胞の働きを回復させる効果がある**ことが知られています。

さらにレモン水うがいダイエットには、効果が早期に現れやすい特徴もあります。なぜなら、**味をキャッチする味蕾細胞は10日で生まれ変わる**からです。

どんなに「デブ味覚」だった期間が長くても大丈夫です。誰でも10日間レモン水でうがいするだけで、「デブ味覚」から「ヤセ味覚」に変えることができます。

ダイエット前と後の食事

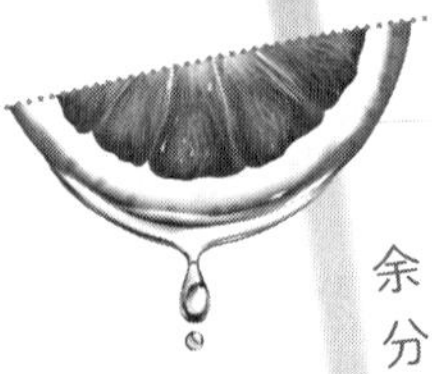

余分な脂肪・胆汁の働き

脂肪まで分解する「苦味」の驚くべきパワー

ダイエットをしていても一向に体重が減らない人がいますが、その原因の1つに**胆汁《たんじゅう》の分泌不足**があります。

胆汁を作る肝臓は体内で最大の内臓で、代謝、排出、解毒、恒常性の維持などの500種類以上の働きがあり、重要な役割を担っています。

肝臓に蓄えられて濃縮された胆汁は、摂取した脂肪を分解し、吸収されやすくする役割を担います。胆汁が正常に働いていると、脂肪がきちんと分解されるので、栄養として体に脂肪が吸収されます。

ところが、胆汁の働きが悪いと脂肪は適切に吸収されないので、細胞の栄養にならず、お腹やお尻に蓄積されます。

胆汁の働きがイメージしにくい人は、汚れた食器を思い浮かべてください。汚れた食器を洗剤で洗えば、食器はきれいになります。

しかし、きれいに洗いきれていない場合、食器には汚れが残ったままです。使い続けると、食器にはますます汚れが溜まります。

この溜まった汚れが、体でいうところの「余分な脂肪」なのです。

肥満の人は、やせた人に比べて胆汁の量が少ないため、「余分な脂肪」が体に溜まりがちです。胆汁の分泌を改善することで、脂肪が分解され、代謝が大幅に回復します。

ダイエットをする人は余分な脂肪を溜めないように、胆汁の働きを回復させることも大切なのです。

そしてこの胆汁の分泌を促進させるのが、「苦味」です。**苦さが刺激となって、**

肝臓から胆汁がよく分泌されるようになります。

研究によると、苦い食材を食べて苦味成分を体内に入れなくても、舌で「苦味」を味わうだけでも胆汁の分泌促進効果があることがわかっています。

舌の苦味を感じる感覚を敏感にすることで、通常の食事をしながら、胆汁を分泌しやすくできるのです。

「レモン水うがい」をすると、舌の苦味を感じる感覚を簡単に敏感にすることができます。

「レモン水うがい」には、食欲を抑え食事量を減らすだけでなく、脂肪まで分解してしまうパワーもあるのです。

胆汁の主な働き

代謝
栄養を体が必要とする形に変えたり、エネルギーをつくり出したりする

解毒
体に入った有害物質を無毒化する

脂肪の分解・吸収
脂肪を消化・吸収されやすい形に分解する

恒常性の維持
体を一定の状態に保つ

排泄
老廃物を体外へ出す

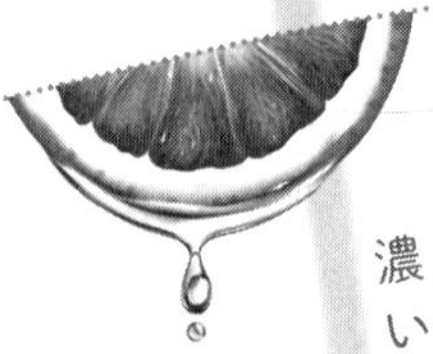

濃い味が好き・基礎代謝の低下・生活習慣病

何歳からでも味覚は取り戻せる

味覚は誰もが生まれながらに持っている感覚ですが、その感受性は年齢が上がるにつれて変化します。

年齢が上がると、味の濃いものを好むようになりますが、これは**味に対する感度が鈍くなる**からです。

味覚を感じる味蕾細胞の8割以上は舌の上にあります。

舌には乳頭と呼ばれるブツブツした小突起が4種類あり、そのうち有郭《ゆうかく》乳頭、糸状《しじょう》乳頭、茸状《じじょう》乳頭の3つが舌の上側にあります。主に**苦味を感じるのは、舌の真ん中の奥の有郭乳頭のあたりです。**

年齢が上がると、味蕾細胞の数が減り、分布する範囲も狭くなります。そのため、味覚に鈍くなり、味の濃い食べ物を欲するようになるのです。年齢が上がるにつれて基礎代謝が落ちるうえに、味覚が鈍感になり塩分とカロリーが高い味の濃いものを好むようになるので、ますます太りやすくなり、生活習慣病や肥満につながっていく、というわけです。

ただし、味蕾細胞が新しく生まれ変わるまでの期間は、若いころと同じ約10日間です。つまり、味蕾細胞を活発にすれば、何歳になっても味覚はもとに戻るのです。

また、年齢が上がってくると、舌の表面に**垢《あか》（舌苔《ぜったい》）**がついてきますが、これも味を感じにくくさせる原因の1つです。毎日、少しずつ、舌ブラシ（49ページ）でケアをすることも大切です。

舌ブラシでのケアとあわせて、「レモン水うがい」で苦味を感じやすくすれば、味覚が復活し、自然と薄味傾向になり、健康的な食事に戻すことができます。

味覚が鈍感になっていた人ほど、味覚の反応も大きいので、レモン水うがいの高いダイエット効果を感じるはずです。

舌ブラシで舌をきれいにする方法

舌を磨くときの半分くらいの力加減で、
舌の奥から手前に向かって
舌ブラシをやさしく動かす。
毎日1日3回ほど歯磨きのあとに
行うといいでしょう。

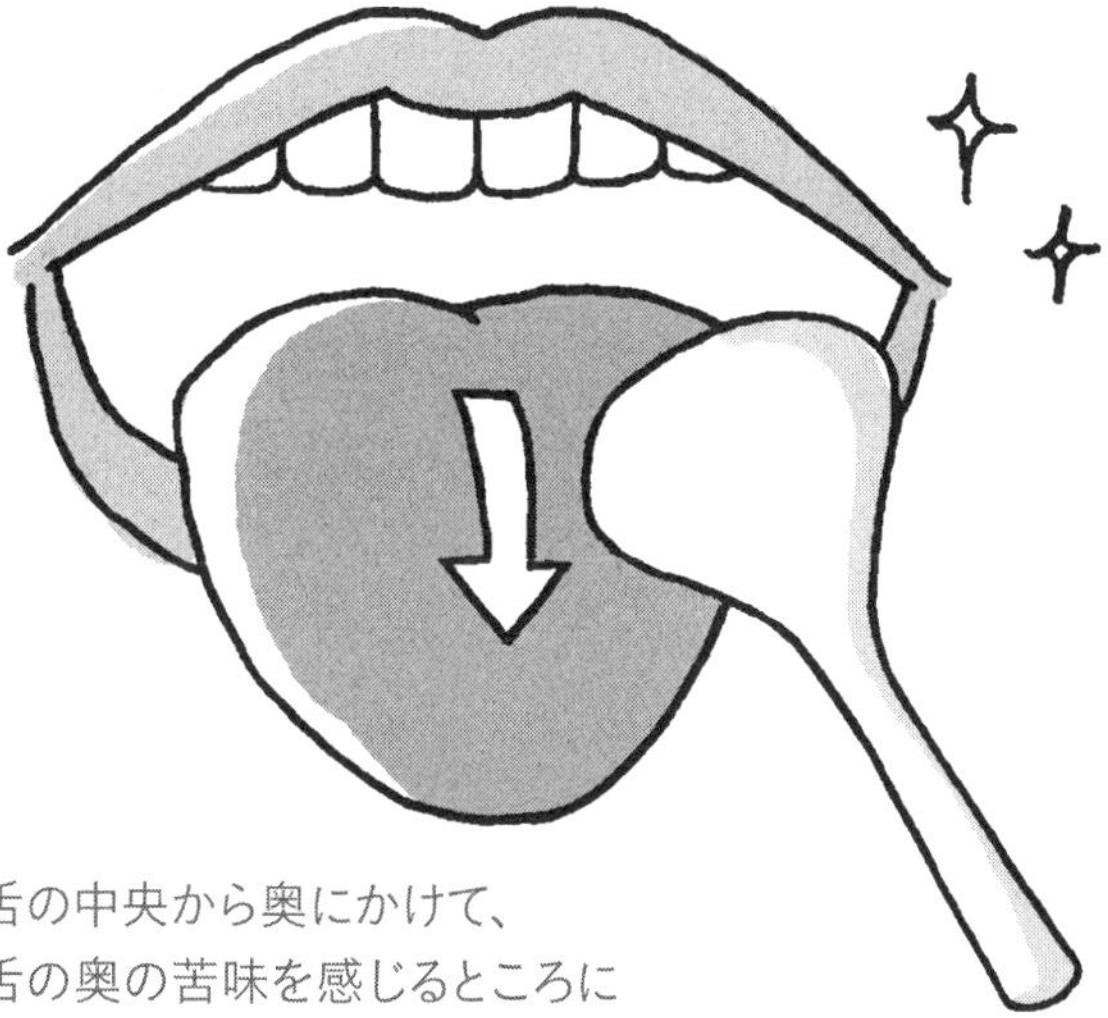

舌の中央から奥にかけて、
舌の奥の苦味を感じるところに
汚れが溜まりがちなので、重点的に磨く。

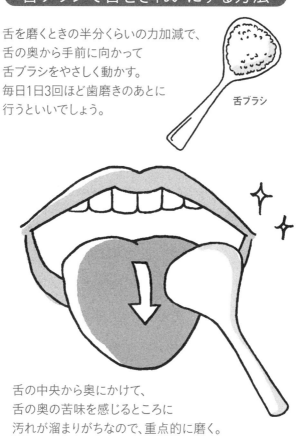

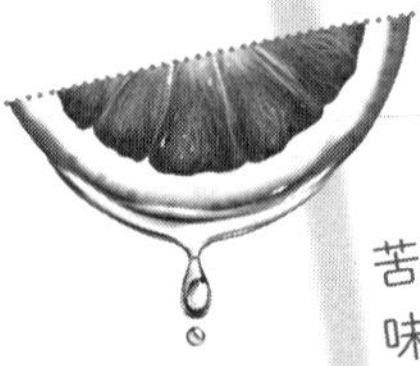

苦味を感じやすい人・甘いものを感じやすい人

レモン水うがいダイエットが日本人にぴったりな理由

話題になっているダイエットは、主に欧米から入ってきた方法を参考につくられたものが多いです。そのため「日本人に合っているかどうか」ということに着目して考案されてきませんでした。

この本で紹介する「レモン水うがいダイエット」は**日本人の遺伝子にぴったりのダイエット法**でもあります。

苦味に対する感受性は、すべての人が同じではありません。苦味を感じる人と、感じない人の割合は、人種間でもかなり異なるのです。

「苦味」を感じない人の割合は、中国（6〜23％）、インド（40％）、ヨーロッパ（30％）、日本（10％）です。

つまり、**日本人は9割の人が「苦味を感じやすい」遺伝子を持っている**ということです。

その他の追跡調査では、苦味を感じにくい遺伝子の人は、甘味を強く感じやすい傾向があり、食事の量が多く、特に炭水化物を好んで食べる傾向があることがわかりました。

つまり、苦味を敏感にすると甘味を感じにくくなるので炭水化物も好まなくなり、食事の量も減るということなのです。

日本人はほかの人種に比べて、レモン水うがいダイエットをするうえで遺伝子的に優位です。ぜひ遺伝子を有効に使って、ダイエットを成功させましょう。

ダイエット中の食事の楽しみ方

食事を楽しみながらやせられる！

話題になるダイエットの多くには、必ずといっていいほど食事制限があります。食事の内容だったり、量や回数だったりと、制限の内容はさまざまですが、共通しているのは「食事をつまらなくしている」ということです。

本来、食事は生活の中で楽しい時間のはずです。

しかし、ダイエットで食事制限があると、食事が「苦痛の時間」になってしまいます。

これでは当然ダイエットを楽しく続けることはできません。

レモン水うがいダイエットには、「食事制限」という概念が存在しません。それが一番の長所だと私は思っています。

もちろん、偏った食事をしてよいとか、暴飲暴食をしてもよいと言っているわけではありません。ダイエット中であろうとなかろうと、健康のためには栄養バランスのとれた食事をとることが大切です。

食事制限がないというのは、特別な「我慢」や「努力」を必要としない、ということだと思ってください。

レモン水うがいダイエットを始めると、**食材本来のおいしさを敏感に感じ取れるようになり、食事が楽しくなります**。

するとたくさん食べなくても「きちんと食べた」感じがして、満足感が得られるようになり、自然と食事の量が減っていくのです。

甘いものが大好きでお菓子が欠かせなかった人も、味覚が敏感になるにつれて、お菓子を食べる量が減っていきます。

いままで醤油やソースやケチャップ、マヨネーズなどの調味料をかけて食べていた人は、味が濃くて逆に食べられなくなります。

レモン水うがいを始めると、味覚にこうしたさまざまな変化が起こるのです。

さらに効果を求めるのであれば、食事で**ピーマン、ブロッコリー、ゴーヤ、銀杏、山菜、ミョウガ、パクチー、渋柿、ケールなどの苦味成分を含む食材**をとったり、**ダークチョコレート**などを食べたりするのもいいでしょう。

お酒を飲む人であれば、**苦味のあるビール**に**レモン果汁を大さじ2杯**入れるのもいいと思います。

ぜひ、食事を楽しみながらダイエットを続けてください。

ダイエットを成功させるには、喜びも不可欠です。

レモン水うがいダイエットでは、次の3つの効果とともに、食事の喜びや体重が減る喜び、美しくなる喜び、健康になる喜びなどを感じていただけるでしょう。あなたにとっての喜びも探しながら、ダイエットを始めてください。

「レモン水うがいダイエット」＝
【食事量の減少】（38ページ）＋【血糖値上昇の抑制】（60ページ）＋
【脂肪蓄積の低下】（42ページ）】×【喜び】

この章では味覚と肥満の関係、デブ味覚をヤセ味覚に変えるメカニズムについてお話ししました。

続くChapter 2では、本書で紹介するレモン水うがいダイエットと並行して行うとさらにダイエット効果を高める習慣についてご説明しましょう。

Chapter 2

「レモン水うがいダイエット」の

効果をさらに高める毎日の習慣

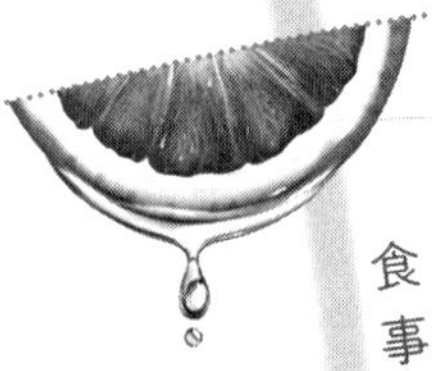

習慣1

食事前にコップ1杯のレモン水を飲む

この章では、レモン水うがいダイエットを成功させるための習慣についてお話ししていきたいと思います。

まず行っていただきたいのが、レモン水うがいをしたあと、**食事の直前にレモン水を作って飲むこと**です。

ご飯やパン、甘いものなどの糖質をとると、糖質はブドウ糖に分解され、腸から吸収されて、血液に入ります。これが血糖、つまり血液の中に存在する糖となり、その濃度が「血糖値」と呼ばれるものです。

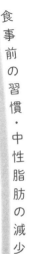

レモン水の作り方

準備するもの

・レモン果汁……大さじ2杯（30mℓ）
・水……150mℓ
・計量スプーン（大さじ）……1本
・コップ……1個

作り方

コップにレモン果汁大さじ2杯を入れ、水を注いで混ぜればできあがり。

食後に血糖値が上がると、膵臓からインスリンというホルモンが分泌されます。このホルモンによってブドウ糖が細胞の中に運ばれ、エネルギー源となって筋肉や脳が働きます。このときエネルギーに使われない余ったブドウ糖は、中性脂肪となって体に溜まります。これが積み重なると肥満になってしまいます。

つまり、太らないためには、ブドウ糖を余らせないように、血糖値の上昇を抑える必要があるわけです。

レモンには血糖値上昇をゆるやかにする効果があり、ブドウ糖が中性脂肪に変わるのを抑えることができます。

これまでの多くの国内外の研究で、レモンが血糖値上昇に対する抑制効果を持つことが証明されています。

30㎖のレモン果汁をとった人は、レモン水を飲まない人と比べ、血糖値上昇が抑えられるという研究結果もあります。

レモン果汁30㎖を食前に飲むと、食後30分では、血糖値の上昇を20%以上抑えることができます。食後45分でも、20%以上抑えます。食後120分まで、食前にレモン果汁30mlをとったほうが、血糖値の上昇は低い傾向があります。

これには、レモンに含まれるクエン酸を主体とする有機酸、およびポリフェノールが関係していると考えられています。

また、**レモンの香りや刺激は交感神経を高めて、満腹中枢という満腹を感じさせる神経に働きかけ**、空腹ホルモンの「グレリン」を抑え、満腹ホルモンの「レプチン」の分泌を促します。さらには、やせホルモンの「アディポネクチン」を分泌する効果もあります。

グレリン、レプチン、アディポネクチンは3大ダイエットホルモンと呼ばれています。

食前1杯のレモン水を飲むことで、これらのホルモンが活性化するのですから、飲まない手はありません。

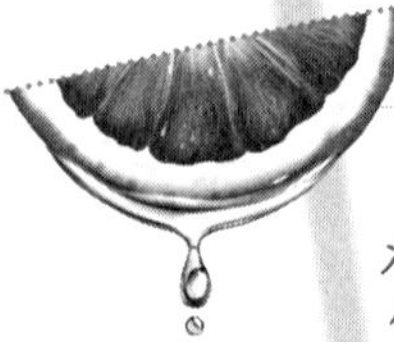

習慣②

水をたっぷり飲んで脂肪をシャットアウト！

レモン水うがいダイエットでは、**水を飲むこと**もおすすめしています。一日に飲む水の量の目安は、1・5～2ℓです。

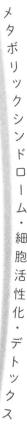

2020年12月には、水をたっぷり飲むことは肥満の予防のみならず、メタボリックシンドロームや糖尿病に有効な可能性があるという研究結果が発表されました。

肥満・糖尿病患者は、バソプレッシンという水分を脂肪として貯蔵するホルモンが上昇することが知られています。肥満や糖尿病になると、のどの渇きを感じるなどの脱水状態になるのはそのためです。
そしてこのホルモンをブロックする最良の方法が、水をたっぷりと飲むことです。つまり、脱水状態が脂肪を溜める原因となるので、たっぷりと水分補給をし、そうならないようにしようというわけです。

また、水をたくさん飲めば、血液の流れが良くなり、細胞が活性化するので、体の隅々にまで栄養と酸素が運ばれるようになり、**基礎代謝もアップ**します。代謝が良くなり体温が1℃上がると、基礎代謝は13％上がります。代謝が上がると、やせやすくなるのです。

さらに、水には**デトックス効果**もあります。水を飲むことで、便秘が解消し、体内に溜まった老廃物が体外に排出されます。
現代人は、食べ物や大気から健康被害となる添加物や化学物質など多くの不純なものを、体内に入れています。体内に溜まった不純物質は、老廃物として尿や便、汗、垢、呼吸で排出されますが、排出されなかった老廃物は体重の4%程度溜まっているといわれています。老廃物をスムーズに排出するためにも、水分を多くとることが必要なのです。

とはいえ、水を一気に飲むと、腸に負担になり下痢になったり、体が冷えてしまったりしてやせにくくなる可能性があります。

そのため、**水は少しずつ口に含み、飲む回数を多くすること**をおすすめします。基本的にはいつ飲んでもかまいません。飲むよりは、口を潤す感覚で始めるといいでしょう。小まめに飲めばお腹がふくらむので、食欲を抑える効果もあります。

ダイエットにぴったりなのは、**ミネラルが豊富な硬水**です。もちろん、水道水でも問題ありませんが、浄水された水のほうがより安心です。水道水よりミネラルウォーターを選びましょう。

水の温度は、常温あるいは白湯がおすすめです。体が冷えると、代謝が下がり、ダイエット効果が落ちるからです。

習慣③

「体重日記」をつけてモチベーションを保つ

ダイエットを続けるには**モチベーションの維持**がとても大切です。

ダイエット中のモチベーションを保つポイントは**「体重の変化」**を見ることです。

起床時と夕食後の2回、体重を測定して「体重日記」につけるようにしましょう。体重が減っているのが見てわかるので、楽しくダイエットを続けることができます。

また、ダイエット開始前に**自分の写真を撮っておく**のもいいでしょう。

体重の量り方と適正体重

体重の量り方
数値がデジタル表示されるもので量る。50g単位で測定できる体重計で量るのが理想。

適正体重の割り出し方
BMI(Body Mass Index)とは、体重と身長から算出する肥満度です。

計算式 BMI＝体重kg÷(身長m)^2

適正体重 ＝(身長m)^2×22

BMI値判定	
18.5未満	やせ型
18.5～25未満	普通体重
25～30未満	軽度肥満
30～35未満	中等度肥満
35～40未満	重度肥満
40以上	極度肥満

ダイエット後の写真と見比べて少しでも変わっていれば、結果が出ているのを実感できます。ダイエット期間中も、定期的に写真を見るようにすると励みになります。

撮影するときは、可能な限り、体の線がわかるように撮影してください。正面と、お腹の出方がわかる横側からの写真を撮りましょう。

体重が減ってきて、真っ先に変化が出るのが、お腹です。その他、体の気になる「部分」も撮っておきましょう。

とはいえ、思ったように体重が減らないときもあるでしょう。そんなときは**決して自分を責めないでください**。

体調は変化します。体重がすぐに落ちなくても、落ちにくい期間だっただけと考えるようにしてください。

続けていくうちに体重は少しずつ減ります。未来の目標体重に近づいていく自分を想像して楽しんでください。

食事は少量でも一日三度とり、レモン水は一番食事を多くとる夜には必ず飲みましょう。

巻末には、体重の変化が記録できる「体重日記」をご用意しました。コピーして使っていただいてもかまいませんし、スマホで記録するなどご自身のやりやすい方法で記録していただいてもかまいません。

「レモン水うがいダイエット」の基本の1クールは10日なので「体重日記」ではシート1枚に10日分が記入できるようになっています。1クール終わって新たなクールに入るときは、新しいシートを使いましょう。

可能であれば、ダイエットの開始前に10日間（1クール）記録するようにするといいでしょう。ダイエット前の食事や一日の生活内容と体重の関係がわかると、ダイエットをするときの参考になります。

またダイエット終了後も、最低1クールは体重日記を書いてください。リバウンドしているかどうかがわかります。リバウンドした場合、改めてダイエットを再開してもけっこうです。

体重管理はとても大切です。体重を落としすぎるのも注意が必要です。

1か月間の体重の減少は、体重の**3〜5％に抑える**ようにしましょう。体重50kgの人であれば、1か月に1・5〜2・5kgまでの、減量に抑えてください（71ページの表参照）。

人間の体には、現状を維持しようとする働き（恒常性）があるため、急な減量は体が危機と判断し、阻止しようとします。過度な減量は、体が拒否反応を示し、リバウンドしやすくなるとともに、体重も落ちにくくなります。

体重別減量のめやす

もとの体重（kg）	3% 減量体重（kg）	4% 減量体重（kg）	5% 減量体重（kg）	危険体重（kg）
45	1.4	1.8	2.3	2.4～
50	1.5	2	2.5	2.6～
55	1.6	2.2	2.8	2.9～
60	1.8	2.4	3	3.1～
65	2	2.6	3.2	3.3～
70	2.1	2.8	3.5	3.6～
75	2.3	3	3.7	3.8～
80	2.4	3.2	4	4.1～
85	2.5	3.4	4.2	4.3～
90	2.7	3.6	4.5	4.6～
95	2.8	3.8	4.8	4.9～
100	3	4	5	5.1～

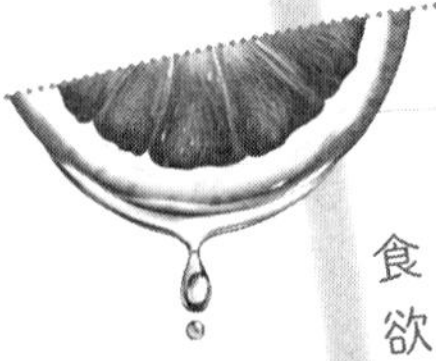

習慣4 「満足」できる食事の時間をつくる

古今東西、老若男女を問わず、食べることは大いなる楽しみです。

ところが、気がつくとつい食べすぎてしまっている、という状態になるのは、食事の「満足」と「満腹」を混同してしまっているからかもしれません。

「お腹いっぱい食べる＝満足」と、誤った思い込みをして、食べすぎてしまっている人もいるのではないでしょうか。

実は、お腹いっぱいに食べても、必ずしも「幸せ」を感じたり、「満足」できるわけではないのです。なぜなら、**食事の満足度は、食事中の「快感」の量**

で決まるからです。

では、食事で快感を得るにはどうすればよいのでしょうか？

❶ よくかんでゆっくり食べる

食事をよくかんでゆっくりと食べると、快感を味わう時間が長くなります。人間の体は**ゆっくり食べると、脳が満腹サインを出すので、食事の量を多くとらなくても満足感が得られます**。

意識的にかむ回数を増やすのは意外と大変ですが、実はゆっくり食べるだけでも、自然とよくかむことになります。

意識的にゆっくり食べると、食事時間は4・8倍、かむ回数も5倍以上になります。食事に20～30分以上かけると、自然とゆっくり食べてよくかむようになるというわけです。

体重60kgの人が、ゆっくりとした食事を一日3回、1年間続けると、早く食べたときよりも、体脂肪に換算すると、1・5kgのエネルギーを消費することになります。

日本人を対象にした研究で、早食いの人は、体重が重く、ウエストも太いことがわかっています。

❷食事の「環境」を整える

食事で快感を得るために「食事に集中できる場所」と「ゆっくり食べる時間」、「いっしょに食べる人」を見直すのもいいでしょう。

忙しいとき、スナックパンやおにぎりを頬張りながら、仕事をしたことがある人もいるかもしれません。

頭の中であれこれと考えるわけですから、食事に集中することができませんし、リラックスして食事を味わうこともできません。

これでは食事に満足はできないでしょう。

また、いっしょにいて居心地のいい人と食事をすることも、食事の満足度を上げるので、誰かといっしょに食べるのもいいと思います。

高齢者の食事アンケートの結果から、一人暮らしの人の食事満足度は低く、家族が多い人の食事満足度は高いことがわかっています。

❸ 食事に「変化」を取り入れる

食事を楽しむには、**食事メニューにバリエーションをもたせる**といいでしょう。五感すべてを使って、料理の「香り」「歯ごたえ」「味」「温度」などを感じ、料理を楽しむとさらによいですね。

そうすれば、料理を楽しんでいる気持ちが快感となり、「満足感」をもたらします。

食事は「空腹」を満たすことだけが目的ではありません。

レモン水うがいダイエット生活をしながら、ぜひ「気持ち」を満たす食事も心がけてください。たくさん食べなくても、満たされることに気づくはずです。

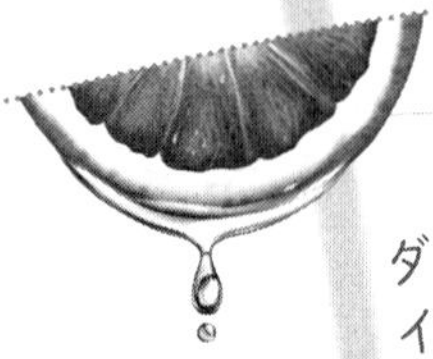

ダイエットに効く調味料・血糖値上昇を抑える

習慣5 酢を使ってダイエット効果を爆増させる

レモン水でのうがいに加えて、ダイエット効果を上げる調味料の1つに**「酢」**があります。酢は血糖値の上昇を抑えるので、満腹感も得られます。摂取カロリーも10～20％抑えられるので、ダイエット中は積極的にとり入れていただくといいでしょう。

酢は人類最古の美容・健康食といわれ、そのルーツは紀元前5000年までさかのぼります。絶世の美女・クレオパトラも真珠を酢に漬けて、愛飲していたとされています。

酢は英語で「vinegar」ですが、これはラテン語の「vinum acer（酸っぱいワイン）」からきています。ワインは長期間、放置しておくと、酢酸になります。昔の人々は、これが生活にとても役立つことを知っていました。酢の抗菌作用を利用して、傷口の消毒に使用したり、食品を漬けて保存食を作ったり、薄めた酢を「減量に効く薬」として利用したりしてきました。

血糖値を下げる働きをするホルモンであるインスリンは、効きが悪くなると血糖値を下げる働きが鈍くなりますが、酢はこのインスリンの効きの悪さを改善します。血糖値を下げる作用を3割程度助けてくれるのです。

炭水化物といっしょに**10g（小さじ2杯）**の酢をとると、血糖値を低くすることができます。酢が入った酢飯は、白米より4割ほど血糖値の上昇を抑えることがわかっています。

また酢をとる量が増えると、満腹感も増します。酢をとるだけで、一日の摂取カロリーが200㎉以上減るという研究データもあるほどです。

酢の味は強いので、醤油や塩の味を酢で代替でき、減塩になるという効果もあります。

なお酢には、消化を遅らせて食べ物の吸収を抑える働きもあるので、空腹の時間を短くすることも期待できます。

酢以外の調味料として、マヨネーズ、ケチャップ、焼肉のたれなどがありますが、これらは糖質や脂質を多く含む高カロリーの調味料です。ダイエット中はこれらをとるのを避けるほうが、当然減量効果は上がります。

ダイエット中の料理は、**だし汁**を有効活用するといいでしょう。**鰹節やいりこ、干ししいたけ、昆布、鶏ガラ**など、上手に活用しましょう。

レモン水うがいダイエットをすると薄味を好むようになります。少しずつ料理で使う塩や醤油、味噌の量を減らしていき、素材の味を楽しむのもいいでしょう。麺料理に入っているスープは残したいですね。

舌が旨味を感じるようになれば、自然と塩分を求めなくなります。味覚の回復にもなり、薄味の料理で満足できるようにもなります。忙しい生活の中で料理に時間をかけられない方は、市販の顆粒や粉末のだしの素を使ってもよいでしょう。ただし、塩分無添加を選んでください。

ダイエット時の食事のとり方

習慣6 食事は「お腹がすいたタイミング」でとる

あなたはどんなタイミングで食事をとっていますか？

食事は「朝・昼・晩の決まった時間が来たらとるもの」と思っていないでしょうか？

だとしたら、その習慣を今すぐやめてください。

食事をとるベストなタイミングは**「本当にお腹がすいたとき」**です。体がほしがっているときに食べるようにしてください。

食事からあまり時間が経っておらず、お腹が空になっていないはずなのに、なぜかお腹がすいたと感じることがあります。

これはお腹が空になったからではなく、**血糖値が下がった**からです。

食後の血糖値の上がり方が高ければ高いほど、下がるときの落差も大きく、強い空腹感となってしまうのです。

毎日決められた時間で食事をしていると、お腹が空いてもいないのに食べていることになります。

すると、血糖値が下がりきらないうちに再び上がるので、血糖値が通常よりさらに上がり、血糖値が上がったときと下がったときの落差が大きくなるため、空腹感をより強く感じてしまいます。

これでは、ダイエットを続けるのが苦しくなってしまいます。

さらに、決められた時間で食事をするのが習慣化すると、**「エモーショナル**

イーティング」になる可能性があります。

「エモーショナルイーティング」とは、感情を満たすために食べることです。空腹から食べるのではなく、食べる〝行為〟で、日頃のストレスや寂しさを麻痺させて、心を擬似的に満たそうとしてしまうのです。

「エモーショナルイーティング」には、急にお腹が減る、特定のものが食べたくなる、食後に罪悪感を抱く、食事が楽しくなくなる、お腹いっぱいになっても満足感が得られない、といった特徴があり、原因はストレスにあることが多いです。

この状態になっている人は、食事以外で心を満たすものを見つけるとともに、食べたいと思ったら**5分だけ時間を置く**習慣をつけましょう。それだけでも少し食欲が落ち着きます。

レモンうがいダイエットをすると食欲が抑えられ食事量が減るので、血糖値上昇も抑えられ空腹感も強く感じなくなります。

それでも空腹感に耐えられないという場合は、ご自身の食生活のリズムやストレスの有無をよく観察してみてください。

レモン水うがいダイエットをしながら、ご自身の生活の癖に気づき、根本から改善していくことも心がけましょう。

習慣7 食事を残すことに罪悪感を持たない

日本には「もったいない」というすばらしい文化があります。

しかし、ダイエットをするうえでは、「もったいない文化」について考え直し、食事の本質を見直す必要があるのではないかと感じます。

もちろん、食べ物をムダにすることをすすめているのではありません。環境保護への意識を持つことや命を大切にすること、食を提供してくださった方々に感謝する気持ちはとても大切です。

とはいえ、「もったいない」という気持ちが強いあまりに、無理をして食べ

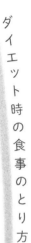

すぎて健康を害してしまっては、本末転倒ではないでしょうか。

食事はお腹と心を満たすためのとても大切な行為です。本来、お腹と心が満たされれば、そこでストップするのが体にとって「やさしい」行為となります。食事は心身の健康のためのものととらえ、場合により「残す勇気」を持ってほしいと思います。**自分にとって適切な量を知ることも大切**です。

残った場合は無理をして食べずに、保存して次の機会（食事）に、いただきましょう。外食や会食の場合は、「今はお腹がいっぱいで苦しいので」と伝えれば、相手は事情を理解してくれるでしょう。

また、満腹になっても食べ続けると、食べすぎが習慣になってしまいます。食べすぎが習慣化すると、胃袋が大きくなるため「お腹いっぱい」のサインが胃から出にくくなります。

食べすぎを抑えれば胃が小さくなるので、少しの量で胃袋が満たされるようになり、「お腹いっぱい」サインも出やすくなるのです。

食事量を無理なく減らせる目安は「2割」と言われています。

ダイエットを続けるために、1日3回の食事を2割減らすことも目指しましょう。

また、外食する場合でもご飯の量など調整可能なときは、あらかじめ「少なめで」とお願いしましょう。

さらに「レモン水うがいダイエット」を始めると、一人前の食事を半分食べたくらいで満足できるようになります。

もし満足感が得られなかったら、一旦、箸を置いて休憩しましょう。しばらく食事の席から離れてみると、たいていの場合、食欲は消えているものです。

Chapter 3

「レモン水うがい」でもっと美しくなる！

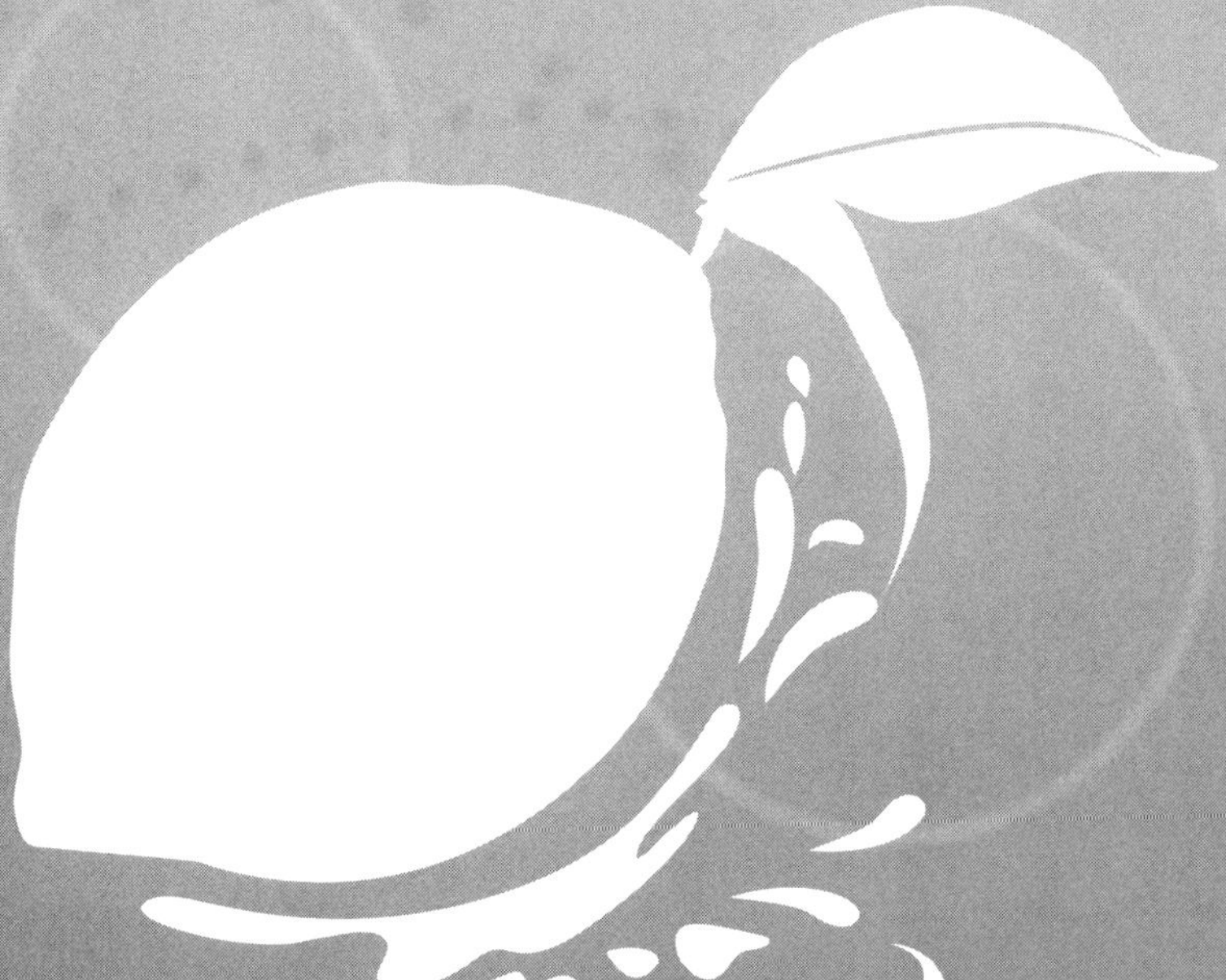

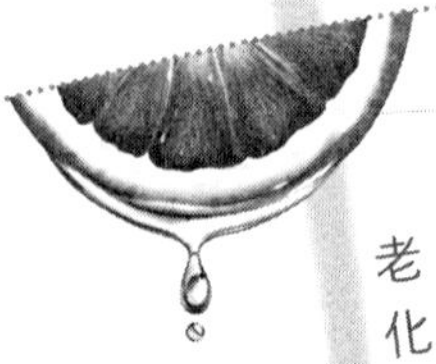

老化・活性酸素除去・抗酸化力

レモンの抗酸化力でエイジングケア

「エイジング」の本来の意味は「年齢を重ねること」。ところが近年、「老化」の意味で使われるようになりました。しかも実年齢よりも老けて見える状態を指すことが多くなったように見受けられます。好き好んで老けて見られたい人はいませんよね。少しでも若々しい状態を保ちたいというのが本音でしょう。

老若男女を問わず、健康を維持しつつ活力ある生活を過ごすためには「エイジングケア」はとても大切です。

私たちの体を構成する細胞は、絶え間なく細胞分裂を繰り返しています。1つの細胞が繰り返す分裂の回数はおよそ50回が限界です。

限界まで分裂した細胞は老化細胞となり、新しい細胞に置き換わります。この細胞の生まれ変わりが新陳代謝で、若いときはその期間が短く（新陳代謝が活発）、年齢とともに期間が長く（新陳代謝が衰える）なります。

特に40代になると新陳代謝の期間は長くなり、老化細胞が体に溜まるようになります。

さらに老化細胞に追い打ちをかけるのが、**「活性酸素」**と呼ばれる物質です。活性酸素は体内の過剰な酸素で、疲労やストレス、紫外線の過剰曝露、環境物質、喫煙などが原因で発生するといわれています。

活性酸素はがん細胞の増殖や動脈硬化などさまざまな病気の原因となるだけでなく、皮膚のシワやシミの原因にもなるなど美容上も悪影響を及ぼします。

こうした活性酸素による老化を予防するには、体内の活性酸素を除去する**抗酸化物質を取り入れ抗酸化力を保つ**ことがポイントになります。

【抗酸化物質の働き】

・活性酸素の発生を防ぐ
・発生した活性酸素を無毒化する
・活性酸素によって傷つけられた細胞を修復する

抗酸化力を保つうえでおすすめなのが、本書でも紹介しているレモンの成分です。レモンに含まれる**「ビタミンC」「エリオシトリン」**は高い抗酸化力があります。

レモン果汁（全果に対する果汁分30％）100g当たりに、約50㎎のビタミンCが含まれていますが、これは成人の一日当たりの推奨摂取量の2分の1に相当します。

ビタミンCは美肌ビタミンといわれることからわかるように、細胞を若々しく保つ働きをします。

また、レモンの皮の白い部分に含まれる「エリオシトリン」は、ビタミンCよりはるかに高い抗酸化力を持っているといわれます。

皮の成分が含まれたレモン果汁も販売されているので、Chapter 2でご紹介したレモン水を作って食事前に飲んでいただくといいでしょう。1日3回食事前にレモン水を飲むだけでも、美容面でも健康面でも高い抗酸化効果が期待できます。

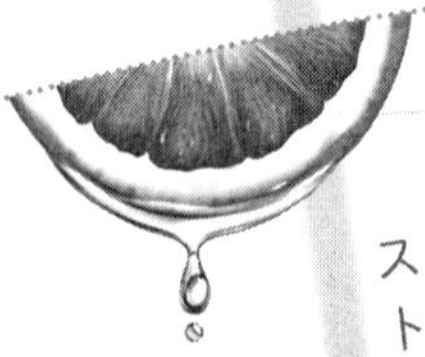

ストレス・肌トラブル

ストレスのないダイエットで美しくなれるワケ

ダイエットの大敵は、**ストレス**です。

ストレスがともなうダイエット方法は、いつか必ず失敗します。ダイエットがストレスになることも、体重の減少を妨げ、モチベーションを低下させ、リバウンドを招くと同時に、美容面、健康面にも悪影響があります。

ダイエットがストレスになるパターンは、大きく分けて2つあります。

1つは、**普段の日常生活でストレスを感じている**パターンです。もう1つは、

ダイエットの方法そのものがストレスとなるパターンです。

普段の生活でストレスを感じていると、ストレスがダイエットをするモチベーションを下げ、ダイエットそのものがストレスになってしまいます。

また、厳しい食事制限のあるダイエットは、「食べられない」「食べてはいけない」と思うだけで、ストレスですよね。普段運動の習慣がない人が、ダイエットのために急に運動を始めるのも大変です。運動を「すべき」という気持ちが、すでにストレスを生んでいます。

「ダイエットを続けなければ」という考え方も、長期間にわたり脳にストレスをかけ続けます。

脳がストレスを感じると、「ストレスホルモン」とも呼ばれる**コルチゾール**という物質が分泌されます。

コルチゾールは本来、ストレスに抵抗してくれる大切なホルモンです。しかしストレスを抱えすぎると分泌が過剰になり、全身の代謝を悪くします。

すると普段以上に体に脂肪が溜まりやすくなり、太りやすい状態になってしまうのです。

また、コルチゾールが過剰分泌されると、レプチンという食欲抑制ホルモンの働きを阻害します。その結果、食欲をかきたて、ドカ食いを招くのです。

ある研究ではコルチゾールの分泌量が増えると、特に腹部に脂肪が溜まりウエストが太くなることがわかっています。当然のことながら体重も増えます。


さらに、**ストレスを感じると苦味を感じる味覚も鈍感になります**。

すると甘いものなどダイエットに不向きな食品を多くとってしまい、食欲がなかなか抑えられなくなります。自律神経やホルモンにも影響を及ぼし、睡眠不足や肌のトラブルなどを引き起こします。


健康的に美しくやせるためには、**コルチゾールの分泌量を増やさず、味覚を**

敏感な状態に保ったままやせる、ストレスのない方法を選ばなければならないのです。

本書で紹介している「レモン水うがいダイエット」はストレスフリーのダイエット法です。

そもそも食欲を我慢する必要がありませんし、激しい運動をする必要もありません。ストレスフリーなので、リバウンド知らずで、美容にも健康にもよいダイエットができます。

ぜひ、美しく健康的な体型を目指して、ストレスのない「レモン水うがい」でダイエットを始めてみてください。

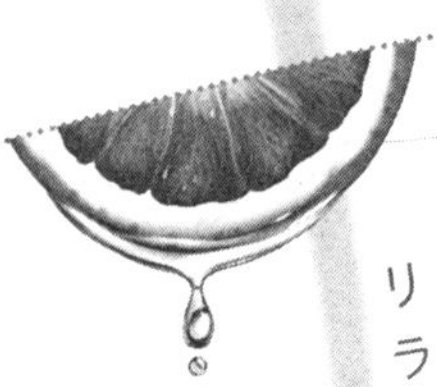

リラックス・ターンオーバーの促進

気持ちをリラックスさせ美肌効果を高める

レモンに含まれる成分は肌にも良い効果をもたらします。レモンの**「リモネン」**という香りの成分は、リラックス効果があるほか、交感神経を活性化させて血管を広げ、血流をよくする作用があるからです。

アロマセラピー（植物に由来する芳香を用いて、病気や外傷の治療、病気の予防、心身のストレス解消などを目的とする療法）でレモンをはじめとする柑橘系の精油がよく使われるのは、こうしたリラックス効果や美肌効果を持っているためです。

日本にも冬至にゆず湯に浸かる習慣がありますね。人は昔から柑橘系の香りが体を温めて風邪を予防し、寒さで縮こまりがちな心身を解きほぐすことを、直感的に感じ取っていたのでしょう。

心と体は密接な関係を持っています。

ストレスフリーでリラックスした状態が続けば、おのずと体調が良くなり肌の調子も良くなっていきます。

また質の高い睡眠も取れるようになり新陳代謝が活発になります。新陳代謝が活発になると肌の細胞が生まれ変わる周期（ターンオーバー）も短くなり、美肌になります。

レモン水でのうがいとともに、ご自身で手作りレモン水を作って、レモンのフレッシュな香りを楽しまれるのもいいでしょう。

表情筋の衰え・二重あご・口呼吸

うがいからはじめる「老け顔」予防

顔にある**表情筋**は使い続けることで鍛えられ、豊かな表情が作られるようになっていきます。

人に会って話しをすると、さまざまな表情をするものです。「自分以外の人と会うこと」「会って会話をすること」そのものが表情筋のトレーニングになるわけです。

ところが最近は、表情筋を動かさないことから起こる「老け顔」になる人が増えています。

表情筋は顔の皮膚を引き上げる筋肉と、下げる筋肉に大別されます。

年齢とともに、引き上げる筋肉の力が弱くなり、下げる筋肉が優位になることが、顔をたるませ、老け顔にするのです。

リモートワークによって、人に直接会う機会が減ったことも「老け顔」の要因の1つです。

人に会って話す機会が減ると、顔の表情筋を使う回数も激減します。

また、長時間のパソコン操作も「老け顔」に拍車をかけている要因です。パソコンに向かうとき、ついつい顔が下向きになりますがこれがよくないのです。あごがたるんできて二重あごの原因になります。

新型コロナウイルス感染予防によるマスク生活も、実はフェイスラインのゆるみにつながります。

マスクで口周りが隠れるため、口元の表情を作らなくなりがちです。すると口角を上げる習慣がなくなり、口周りの筋肉が使われなくなってフェイスラインがゆるんでいってしまうのです。

また、マスクをつけると、鼻を使わず口だけで呼吸する口呼吸になりやすく、口の周りの筋肉が弱くなっていきます。

さらに口呼吸が続くと、舌が上顎につかない「低位舌《ていいぜつ》」の状態になります。すると舌が下の歯の前につくようになるので、舌の力で歯を押し出す力や唇が直接歯に当たる力で歯が押されて、歯並びが悪くなる原因にもなります。歯並びが悪くなると、かみ合わせも悪くなるので顔のゆがみにもつながります。

表情筋や口周りの筋肉の衰えを感じている人は、日常から意識してそれらの筋肉を活動させることが大切です。

本書で紹介する「レモン水うがいダイエット」の「ぶくぶくうがい」（13ページ）は**上唇挙筋**《じょうしんきょきん》と**頬骨筋**《きょうこつきん》を使います。これは笑顔をつくるときに使う筋肉です。

日本人の場合、欧米人と違って一番外側にある大頬骨筋をあまり使わず、ひかえめな笑顔をつくります。

うがいでその筋肉を意識的に使うと、頬骨筋の中の1つも鍛えられるので、明るい笑顔をつくることができるようになります。

口輪筋が衰えている人は、ぶくぶくうがいをすると口から水が漏れてしまうかもしれません。

しかし、うがいを続けていれば、口輪筋が復活して、うまくできるようになります。その結果、口角を上げる**口角挙筋**《こうかくきょきん》が鍛えられ、口角も上げやすくなり、明るい笑顔を取り戻すことができます。

またぶくぶくうがいでは、舌を動かす筋肉も使うので、頬が引き締まって小顔になる効果もあります。

これまであまり「口角を上げる」ということを意識していなかった方は、レモン水うがいダイエットを機に、たまには鏡を見て口角を上げてみてください。続けるうちに口角がキュッと上がってくるのを実感できるでしょう。

がらがらうがいのときは下顎をしっかりと突き出すようにしましょう。顎下の筋肉が刺激されて**顎舌骨筋**《がくぜつこつきん》が鍛えられ、シャープなフェイスラインになります。

顔まわりの筋肉

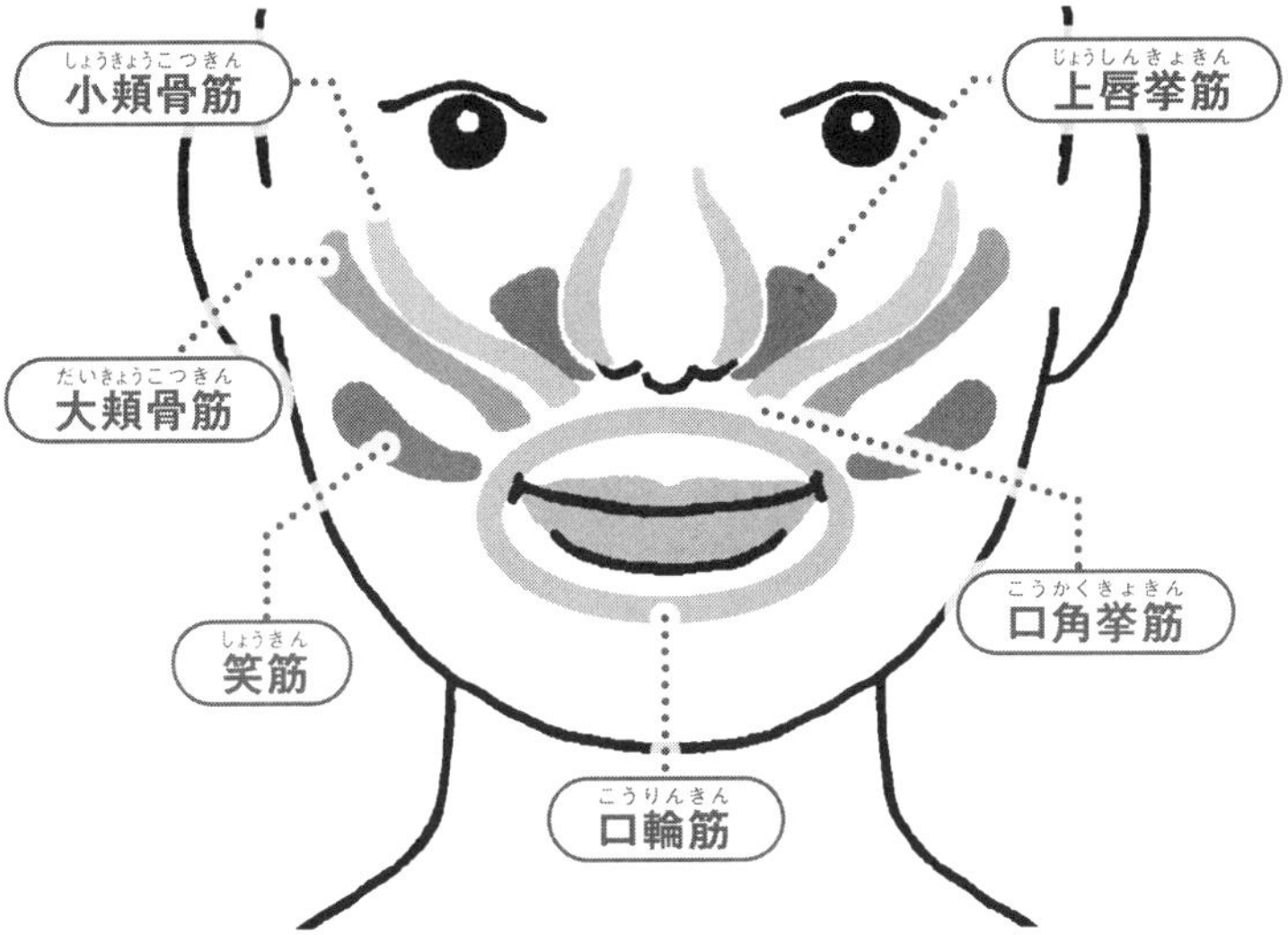
小頬骨筋《しょうきょうこつきん》
上唇挙筋《じょうしんきょきん》
大頬骨筋《だいきょうこつきん》
口角挙筋《こうかくきょきん》
笑筋《しょうきん》
口輪筋《こうりんきん》

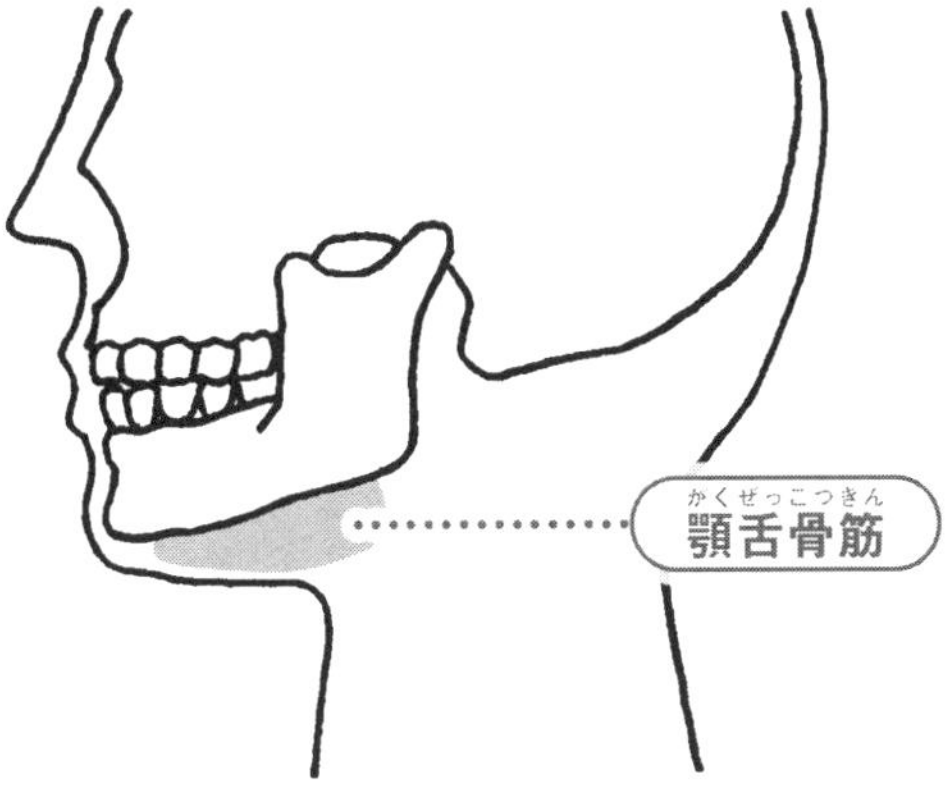
顎舌骨筋《かくぜっこつきん》

ほうれい線・見た目年齢・表情筋の衰え

ほうれい線もうがいで薄くできる

ほうれい線とは、鼻の端と、唇の端を結ぶ、左右の2本の線のことをいいます。ほうれい線は年齢を問わず誰にでもあるものですが、年齢を重ねるにつれて目立つようになります。

実年齢より老けて見える人の顔を思い出してみてください。例外なく、ほうれい線がくっきりしているはずです。

ほうれい線はそれくらい「見た目年齢」に深く関わるものなのです。

ほうれい線の正体は、口をすぼめる動きをする**口輪筋**と、その周りの筋肉との境目につくシワです。

口輪筋の周りには、唇を上げる**上唇挙筋**、頬を上げる**大・小頬骨筋**、口を広げる**笑筋**があります。これらの筋肉の境目がくっきりすると、ほうれい線が深くなります。

ほうれい線が目立つ原因は、いくつかあります。

1つは**表情筋の衰え**です。

年齢を重ねるにつれて表情筋が衰え、頬についている脂肪を支えきれなくなります。すると脂肪や皮膚がたるみ、ほうれい線ができてしまいます。

2つめは**皮膚の弾力の低下**です。

加齢や紫外線、乾燥などの影響で皮膚が弾力を失うと、たるみが発生します。さらに顔の脂肪が増えると、頬の脂肪や皮膚がたるみ、ほうれい線が目立つようになります。

3つめは**線維組織の衰え**です。

脂肪と皮膚や骨の間には、線維組織があります。

加齢によって線維組織が衰えると、皮膚と筋肉の間に隙間ができて皮膚がたるみ、ほうれい線ができます。

若いときは肌に弾力があるので、一時的にほうれい線ができてもすぐにもとに戻って目立たなくなりますが、加齢とともに肌の弾力が失われ、戻りにくくなります。特にやせ型の人は、こうした現象が起こりやすいようです。

ほうれい線は、本書で紹介している「ぶくぶくうがい」で表情筋を鍛えることによって改善します。

はじめは鏡を見ながら、ほうれい線が伸びているのを確認しながら頬をふくらませると効果的です。片頬ずつふくらませるほうが、やりやすいでしょう。

左右の歯を均等に使って食べ物をしっかりとかむことも、ほうれい線の対策になるので、うがいとともに心がけてください。

ほうれい線を薄くする ぶくぶくうがいのポイント

▶基本のやり方は13ページ

うがいのとき口を強く閉じる

▶▶ 口輪筋が鍛えられる。

上の歯に水を集中的に広げるように強くうがいをする

▶▶ 上唇挙筋や頬骨筋が鍛えられる。

頬を大きくふくらませる

▶▶ 凹んだ皮膚を伸ばすことができる。

頬の内側から、舌でほうれい線の部分を上下に3〜4往復なぞる

▶▶ ほうれい線（シワ）を伸ばすことができる。

肩こり・猫背・エネルギー消費量の減少

姿勢が美しくなり、肩こりが解消する！

リモートワークの導入が始まり、家でパソコンやスマホを見る時間が増えた人が多いのではないでしょうか。それにともない、肩こりに悩まされている人も少なくないことでしょう。

そもそもパソコンやスマホを操作するとき、人は猫背になりやすいものです。

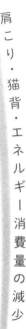

この**猫背こそ、肩こりの元凶でありダイエットの大敵**でもあるのです。

本来、人の体は横から見ると、まっすぐではなく少しカーブした状態（生理的湾曲）になっています。体のバランスを調整して、頭の重みを支え、衝撃・負担を軽くするためです。

パソコンやスマホの操作をすると、この本来のバランスが乱れます。頭が前に傾き、肩も内側に入り込んだ猫背になります。湾曲がなくなり、いわゆるストレートネックになってしまうのです。

猫背は**エネルギー消費量を下げます**。

猫背は肺を圧迫し呼吸を浅くするので、体が酸素を十分に取り込めない状態になります。猫背の時間が長いほど酸素が不足し、エネルギー消費量が少なくなります。

猫背は見た目のスマートさを損ねるだけでなく、筋力のバランス崩壊や血行不良、呼吸の乱れなど、さまざまな健康にまで影響を与えかねません。

また、猫背の人は**ストレスを感じやすい**ことが調査でわかっています。猫背になると、必要以上に恐怖心や不安感、ネガティブ感情が起こり、ストレスに敏感になります。

ストレスから「コルチゾール」（93ページ）が分泌されると、筋肉量が減り内臓脂肪が増える原因にもなります。


そこで、猫背の解消に一役買ってくれるのが本書で紹介している「がらがらうがい」（14ページ）です。

がらがらうがいのとき、真上を見上げる姿勢になります。

そのとき必然的に、前かがみなっている背骨と首の骨を伸ばすことになります。上を見上げることで、凝り固まった背中、首、肩周りの筋肉が気持ちよく引き伸ばされます。いいリラクゼーションにもなります。

意識的に左右の肩甲骨を寄せることで、体の前に出ていた肩が自然と体の横側に戻るようになります。

ぜひ意識してやってみてください。

猫背を解消する がらがらうがいのポイント

▶基本のやり方は14ページ

頭を後ろにゆっくり傾ける

▶▶ 凝り固まった背中、首、肩まわりの筋肉が引き伸ばされる。

下顎をしっかりと突き出す

▶▶ 顎下顎舌骨筋が鍛えられる。

左右の肩甲骨をゆっくりと寄せる

▶▶ 前に出ていた肩が横側に戻る。

※高齢者の場合は、誤嚥のおそれがあるので十分注意する。

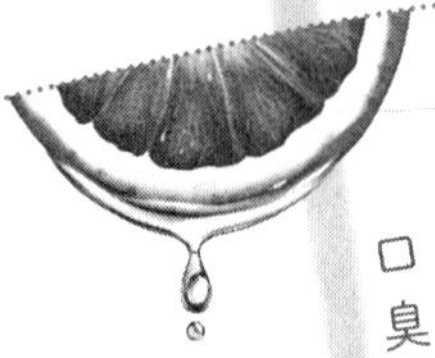

口臭予防・舌の垢の除去

レモンの殺菌効果で口臭を防ぐ！

口臭の原因は、大きく分けて3つあります。**「舌の垢」「歯周病」「健康状態の悪化」**です。

40歳以下の人の口臭の原因で多いのが「舌の垢」です。舌の垢である「舌苔」には、たくさんの細菌が繁殖し、口臭の原因となる臭いを発します。

40代以上で口臭が気になる場合は、歯周病を疑ったほうがいいでしょう。

歯周病は、ひどくならなければ自分で気がつくことはできません。40歳を過ぎたら定期的に歯科医院で、チェックしてもらいましょう。

健康状態の悪化からくる口臭は、60歳以降の人に生じることが多いです。持病のある人は特に要注意です。全身の健康状態の悪化により、持病が原因で口臭が起こっている可能性があります。

つまり年齢が上がるほど、口臭の原因が増えていくということです。

レモンに含まれる**クエン酸**という成分は口臭対策に効果的です。クエン酸は優れた殺菌作用を持っているため、レモン水うがいをすると口の中の細菌の繁殖を抑え、口臭を予防することができます。

舌の表面に白いカビのようなものが目立つようであれば、細菌が繁殖している可能性があります。歯を磨いたあと、舌ブラシで軽くこすってとるといいでしょう。

歯を磨くときの半分のくらいの力で、**舌の表面を後ろから手前にこすります。**5～10回くらい軽くこすると、次第に表面の垢が取れてきれいになります。

このChapterでは、レモン水うがいの美容効果、レモンのさまざまな健康効果についてお話ししました。

Chapter 4では、レモン水うがいダイエットと同時に行うとよい、さまざまな健康効果が期待できるうがいをご紹介しましょう。より健康的な体を目指して、生活に取り入れていただければと思います。

Chapter 4

「うがい」で もっと健康になる！

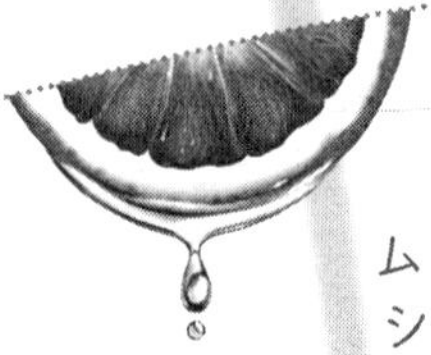

ムシ歯予防・デンタルリンス・マウスウォッシュ

ムシ歯を予防する うがいのやり方

本書で「レモン水うがい」がダイエットに効果的な理由をご紹介していますが、実はレモンの効果ももちろんですが、**「うがい」そのものにもさまざまな健康効果があります**。

うがいで口の中を清潔に保つことは、心臓病、肺炎、心筋梗塞、内臓肥満（メタボリックシンドローム）、がんといった病気を防ぎ、体全体の健康を保つことにもつながるのです。本章では、ダイエットと同時に、さらに健康効果を高めるうがいのやり方をご紹介しましょう。

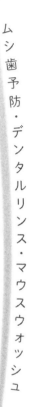

1つめは、**ムシ歯を予防するうがい**です。

ムシ歯の多い人は**内臓肥満**の人が多いという研究結果もあります。ムシ歯の多い人は生活が乱れがちなので、太りやすいということです。

ムシ歯はムシ歯菌によって歯を破壊される病気です。以前は歯に穴が開いた状態をムシ歯と診断していましたが、現在では歯の表面にあるエナメル質が荒れ始めた状態をムシ歯と診断し、治療の対象としています。ムシ歯は早期の治療がとても大切だからです。

ムシ歯を予防するうがいには、**「液体歯磨き」**を使うやり方と**「洗口液」**を使うやり方の2種類があります。この2つは明確に異なるものなのですが、多くの方がその違いを知らずに混同してしまっています。

まずは液体歯磨きでうがいをして、そのあと歯ブラシで歯磨き、歯間ブラシやフロスで汚れをとり、最後に洗口液でうがいをするのが、ムシ歯予防効果が最も期待できる方法です。

一見、わかりづらい「液体歯磨き」と「洗口液」ですが、パッケージにどちらかが記載されています。購入前には、パッケージをチェックしてください。

❶液体歯磨きでのうがいのやり方

液体歯磨きは**デンタルリンス**ともいいます。

液体歯磨きも洗口液も、**「CPC（塩化セチルピリジニウム）」**が配合されたものを使用します。CPCは口の中のムシ歯菌を含む細菌に対して強力な殺菌効果があります。

CPC配合の液体歯磨きには、「G・U・M（サンスター）」、「ディープクリーン（花王）」、「ピュオーラ（花王）」などがあります。

液体歯磨きでのうがいは、ぶくぶくと勢いよく口を動かして行いましょう。液体歯磨きはペースト状のものより、口の中の隅々まで行き渡りやすいという特徴があります。口の中で十分に液体を広げてください。

液体歯磨きを使ったうがいの方法

1 歯磨きの前に、液体歯磨きを30mℓ口に含む

2 前歯に液体歯磨きを浸透させる

唇と前歯の間に液体歯磨きが隅々までいきわたるように、唇をふくらましたり凹ませたりする。

3 奥歯に液体歯磨きを浸透させる

頬と奥歯の間に液体歯磨きが隅々までいきわたるように、頬をふくらましたり凹ませたりする。

4 液体歯磨きを吐き出し、歯磨きを行う。

❷ 洗口液でのうがいのやり方

洗口液は**マウスウォッシュ**ともいい、口の中をすすぐだけのものです。

洗口液は、しっかりと歯磨きをしたあとに、プラスαの仕上げに使いましょう。

CPC配合の洗口液には、「モンダミン（アース製薬）」、「リステリン（ジョンソン・エンド・ジョンソン）」、「Systema SP-T メディカルガーグル（ライオン）」などがあります。

ムシ歯予防の歯磨き粉にはフッ素入りのものが多くあります。

フッ素は歯を強化するのに役立つ成分ですが、使用した後に洗口液で強くぶくぶくうがいをしたり、長い時間洗口液を口に含んでいたりすると、その効果が弱まります。

口に入れる洗口液の量は、ほかのうがいのときより少なめにし、軽く口の中をすすいだら早めに吐き出すようにしましょう。

洗口液を使ったうがいの方法

1 歯磨きのあとに、洗口液を20〜30㎖口に含む

2 洗口液で口の中をすすぐ

口の中全体にいきわたるように、20秒ほどすすぐ。

3 洗口液を吐き出す

洗口液を口から出す。
このあとは水で口の中を洗わない。

歯周病予防・歯間ブラシ・デンタルフロス

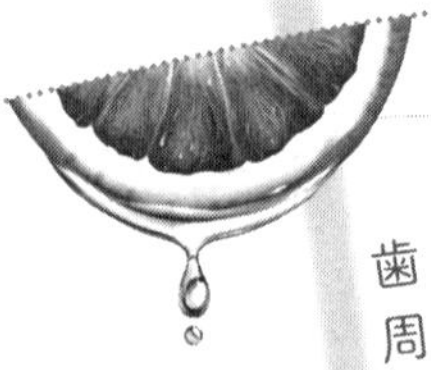

歯周病を予防する うがいのやり方

歯周病は、世界でもっとも感染者の多い病気として2001年ギネス世界記録に認定されたこともあるほど、り患している人の多い病気です。

歯周病が怖いのは、歯が抜けるからだけではありません。**歯周病は全身の100種類以上の病気と関連があり、糖尿病、認知症、内臓肥満、動脈硬化、がん、骨粗鬆症といった病気を悪化させる**ことで知られています。

歯周病の原因である歯周病菌の中で、もっとも病気を悪化させる菌は歯の表面の薄い菌膜（バイオフィルム）の中にいます。この菌膜は強力で、基本的に歯科医院で剝ぎ取るしか根本的な治療方法はありません。

歯周病が症状として現れるのは**40歳を過ぎてから**が多いですが、歯周病菌そのものが口の中に定着するのは**18〜20歳くらい**です。

歯周病菌は、1つの皿の料理を複数人で共有して食べることやキスなど、唾液を介して感染します。

そのため、菌膜に浸透する効能のある薬剤でうがいをする必要があります。

❶ 歯周病を防ぐうがいのやり方

うがいには、**「IPMP(イソプロピルメチルフェノール)」**が配合された液体歯磨きを使います。

歯周病菌が生息する歯にこびりついた菌膜は、とても強力で通常の殺菌作用がある薬剤では浸透できずに効果がありません。これは電荷(周囲の電気)で、薬の浸透に対して頑固なバリアを張っているからです。そこに入り込めるのがIPMPで、菌膜に入り込んで殺菌します。

市販の商品では、「システマEXデンタルリンス（ライオン）」、「モンダミンNEXT歯周ケア（アース製薬）」、「ハピカエース（松風）」などがあります。

うがいをするタイミングは、**就寝前の歯磨き前**です。

歯周病は歯と歯の間の歯ぐきから起こり、夜に進行しやすい特徴があります。液体歯磨きによるうがいで菌膜の中に潜む歯周病菌を殺菌したら、やわらかめの歯ブラシを使って歯磨きをしましょう。**歯と歯の間は磨き残しが多く、歯ぐきが弱くなりやすい部分**です。磨き残しは歯周病のきっかけになるので、ていねいに磨いてください。

歯ブラシだけでは、歯と歯の間に菌が残るので、必ず**歯間ブラシ**や**デンタルフロス**など、歯間清掃器具を使って歯と歯の間もしっかり磨いてください。

歯周病は万病のもとです。定期的にかかりつけ歯科医で、歯のクリーニング（口腔ケア）を受けて、菌膜を剝ぎ取って、歯周病対策をしてください。

歯周病に効くうがいの方法

1 30mℓの液体歯磨きを口に含む

2 液体を上の前歯の間に浸透させる

上唇と上の前歯の間に液体がいきわたるように、力強く唇をふくらませたり凹ませたりする。

3 液体を下の前歯の間に浸透させる

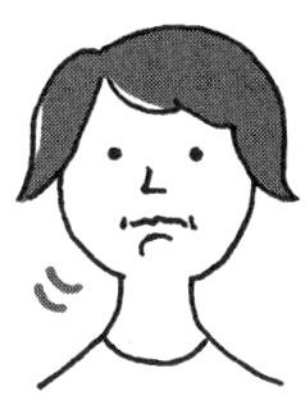

下唇と下の前歯の間に液体がいきわたるように、力強く唇をふくらませたり凹ませたりする。

4 液体を右側の奥歯の間に浸透させる

頬の内側と右の歯の間に液体がいきわたるように、頬をふくらませたり凹ませたりする。

5 液体を左側の奥歯の間に浸透させる

頬の内側と左の歯の間で、液体がいきわたるように、頬をふくらませたり凹ませたりする。

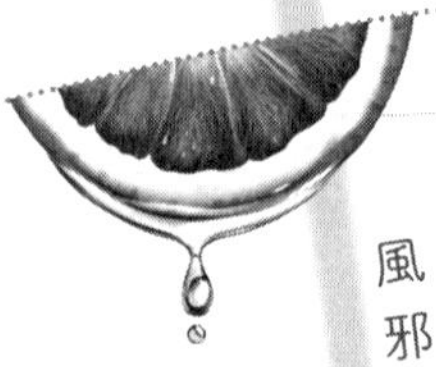

風邪予防・ウイルス

風邪を予防する うがいのやり方

風邪は年齢を問わず、健康な人でもかかります。健康保険組合連合会によると、日本では年間約45万人が医療機関を受診し、風邪と診断されているといわれています。

風邪の原因は、9割が**ウイルス感染**です。ウイルスの種類は、ライノウイルスをはじめ、コロナウイルス、RSウイルスなどさまざまです。新型コロナウイルス感染症（COVID-19）はウイルス性の風邪の一種ですが、ここでは一般的な風邪を予防するうがいの方法をご紹介します。

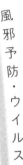

うがいは**外出先から帰宅後すぐ**に行い、**水道水**でするのがベストです。日本の水道水には、消毒のため塩素が入っています。飲める水なので、塩素の濃度は体に害のない程度ですが、風邪には有効です。

うがいをするときは口の中で水が乱流するようにします。口や鼻から入ってきたウイルスそのものを取り除くだけでなく、ウイルスを体内に侵入させやすくする**プロテアーゼ**という酵素を洗い流すことが目的です。

またプロテアーゼは、起床時にも繁殖しているので、**体調が悪いときなどは起床時にもうがいをする**とよいでしょう。

歯周病の症状がある人の口の中では、このプロテアーゼが増殖しているので、歯周病治療と併用するとよいです。

よくポビドンヨード液を含むうがい薬（殺菌効果がある成分「ＰＶＰ－Ｉ」が含まれた茶色のうがい薬）でうがいをして風邪対策をする人がいますが、その習慣はやめましょう。ポビドンヨード液には強力な殺菌効果があり、粘膜表面のウイルスを含めた菌を殺菌します。**風邪の原因になる悪い菌だけでなく、菌のバランスを保っている良い菌まで殺菌してしまいます**。

良い菌がいなくなると、粘膜のバリア機能がなくなり、風邪ウイルスが侵入しやすくなります。

ポビドンヨード液は甲状腺に異常がある人には、慎重に使わなければなりません。ショックやアナフィラキシーの副作用をはじめ、薄い濃度でも細胞へのダメージがあるのでリスクがあるのです。

風邪は普段からの予防が大切で、うがいに加えて手洗いや外出時のマスクも効果的です。日本の衛生習慣であるうがいは、有効な風邪対策として2005年アメリカ予防医学会機関誌（『American Journal of Preventive Medicine』）にも紹介されています。

帰宅後はすぐにうがいと手洗いをする習慣をつけ、風邪を予防しましょう。

風邪を予防するうがいの方法

1 30〜50㎖の水道水を口に含み、口全体を濡らす

2 水を上唇と上の前歯の間に広げる

唇をふくらませたり凹ませたりし、5秒間うがいをする。

3 水を下唇と下の前歯の間に広げる

唇をふくらませたり凹ませたりし、5秒間うがいをする。

4 水を頬の内側と右の歯の間に広げる

頬をふくらませたり凹ませたりし、5秒間うがいをする。

5 水を頬の内側と左の奥歯の間に広げる

頬をふくらませたり凹ませたりし、5秒間うがいをする。

6 水を一度吐き出し、再び水道水を口に含む

7 がらがらうがいをする

上を向いて15秒間がらがらとうがいをし、水を吐き出す。「あー」や「うー」と声を出しながらする。3回繰り返す。

新型コロナウイルス・インフルエンザウイルス・ノロウイルス

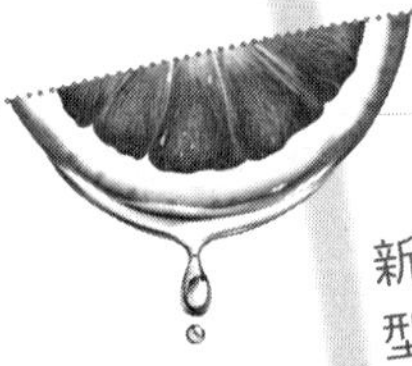

新型コロナウイルス感染を予防するうがいのやり方

コロナウイルスにはさまざまな種類があります。

日常的に風邪で感染するヒトコロナウイルス4種をはじめ、2002年に中国から発症し流行った重症急性呼吸器症候群コロナウイルス（SARS-CoV）や2012年にラクダからうつった中東呼吸器症候群コロナウイルス（MERS-CoV）、そして、2019年から大流行を引き起こし、全世界で数多くの感染者・犠牲者を出した新型コロナウイルス感染症の原因となった、新型コロナウイルス（SARS-CoV-2）もその1種です。

ウイルスは生体の体内に入り込まなければ生き続けることができないという特徴があります。

中でも新型コロナウイルスは、口の中、特に舌の表面の粘膜の中に多く存在するACE2《エースツー》（angiotensin-converting enzyme 2）という受容体からウイルスが侵入することで感染します。

新型コロナウイルス感染症の症状の1つである味覚障害は、舌の表面についたウイルスが猛威を振るい、味を感じる味覚細胞を攻撃することによって起こります。

そのため、ウイルス感染を予防するためには、侵入経路を遮断することが効果的なのです。

❶ 新型コロナウイルス感染を予防するうがいのやり方

実は新型コロナウイルスを99・999％以上、不活化（無毒化）するうがい薬があります。2020年12月一般財団法人日本繊維製品品質技術センターで、その効果が実証された**高酸化水**です。

強力な酸化力で細胞膜を分解し、新型コロナウイルスを不活化することができます。

高酸化水は精度の高い純水から精製した、添加物を含まない洗口液です。食品衛生法に基づく清涼飲料水製造原水基準に合格した水から精製され、無味無臭で刺激もありません。

従来の次亜塩素酸水やアルコール系洗口液のように、口の粘膜への影響もないので、お年寄りからお子様まで安心して使えます。

高酸化水には、「ＫｕＣｈｉ Ｌａｂｏ（北海道大学と株式会社レドックステクノロジーが共同開発）」などがあります（高酸化水の洗口液のご購入は、一部の歯科医院で可能です）。

うがいのタイミングは、**一日2回朝夕の歯磨きのあと**です。

高酸化水はタンパク質などに触れると品質が劣化する可能性があるので、うがいの前に歯磨きをして口の中をきれいにしてから使用しましょう。

外出から戻り帰宅したときなどに行うのもいいでしょう。

高酸化水は新型コロナウイルスのほかに、インフルエンザウイルスやノロウイルス、大腸菌、緑膿菌、カンジダ、サルモネラ、MRSA、黄色ブドウ球菌など、多くのウイルスや細菌への殺菌効果も認められています。

高酸化水を使用したうがいは、新型コロナウイルス感染症を含め感染対策を行っている歯科医院で行われ始めています。

老人ホームなどでは、起床時、3食の前後、就寝時と一日8回のうがいを行って、クラスター化を防いでいるという実例もあります。

新型コロナウイルスは感染しやすいという特徴がありますが、決して不活化するのが難しいわけではありません。

多くの場合は、アルコール消毒や石けんでの手洗いでウイルスを洗い流すことができます。

マスクをして自分の手が口を直接ふれるのを防止することも、有効なコロナ感染対策になっています。

アルコール消毒や手洗い、マスク装着による感染対策に加えて、高酸化水でのうがいも取り入れてみてください。

新型コロナウイルス感染を防ぐうがいの方法

1 高酸化水を口に含む

高酸化水約15mℓ（大さじ1杯）を口に含む。

2 口の中で浸透させる

口の中の全体にいきわたるように、ゆっくりと液体を口の中で動かす。ぶくぶくうがいや、がらがらうがいはしない。

3 吐き出す

20秒ほどうがいをしたら吐き出す。

プラーク・歯のクリーニング

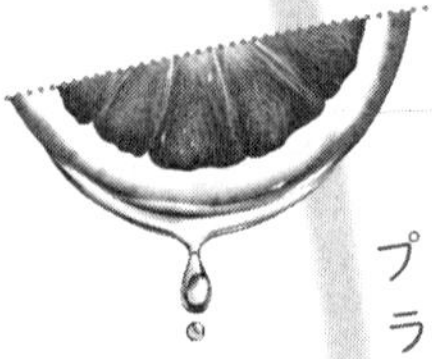

プラークの付着を防ぐうがいのやり方

体に悪影響を与えるものには、ムシ歯菌や歯周病菌、ウイルスのほかに、**プラーク（歯垢）**のもととなる、口の中の**食べカス**や**バイ菌**もあります。

うがいは**水（水道水）**を使って行います。ぬるま湯でもかまいません。**塩を加えた5％程度の食塩水**も有効です。

緑茶は抗菌作用、殺菌作用があるので、用意できるのであれば効果的です。ウーロン茶も、緑茶よりは効果は劣りますが、抗菌作用があります。

プラークの付着を防ぐうがいの方法

1 水を30mℓ口に含む。

2 上の唇と上の歯の間を洗う

鼻の下をふくらませたり凹ませたりして、水を鼻の下と上の前歯の間に広げる。クチュクチュと音を出して洗う。10回繰り返し、水を吐き出す。

3 下の唇と下の前歯の間を洗う

唇の下側をふくらませたり凹ませたりして、水を唇の下側と下の前歯の間に広げる。クチュクチュと音を出して洗う。10回繰り返し、水を吐き出す。

4 右の頬の内側と右側の歯を洗う

右の頬をふくらませたり凹ませたりして、水を頬の内側と右の歯の間に広げる。10回繰り返し、水を吐き出す。

5 左の頬の内側と左側の歯を洗う

左の頬をふくらませたり凹ませたりして、水を頬の内側と左の歯の間に広げる。10回繰り返し、水を吐き出す。

なお、頻繁に緑茶を使うと歯の着色の原因になるので注意が必要です。

うがいのタイミングは**一日3回、食事の直後**です。

食後**8時間経過**すると、口の中でバイ菌がかたまり始めます。24時間後には、プラークとなり、目でも見える状態になります。歯磨きができないときでも、うがいをすればプラークの原因となる食べカスやバイ菌を洗い流すことができます。

このうがい方法は口の周りの口輪筋や頬筋などが弱くなっていると最初はやりづらいかもしれません。その場合は、集中する場所を2箇所にします。前歯は、上と下に分けずに一度に上下いっしょにうがいをし、上と下の唇を同時にふくらませたり凹ませたりします。奥歯も左右いっしょにして、両方の頬を同時にふくらませたり凹ませたりするといいでしょう。

プラークのつきやすい場所

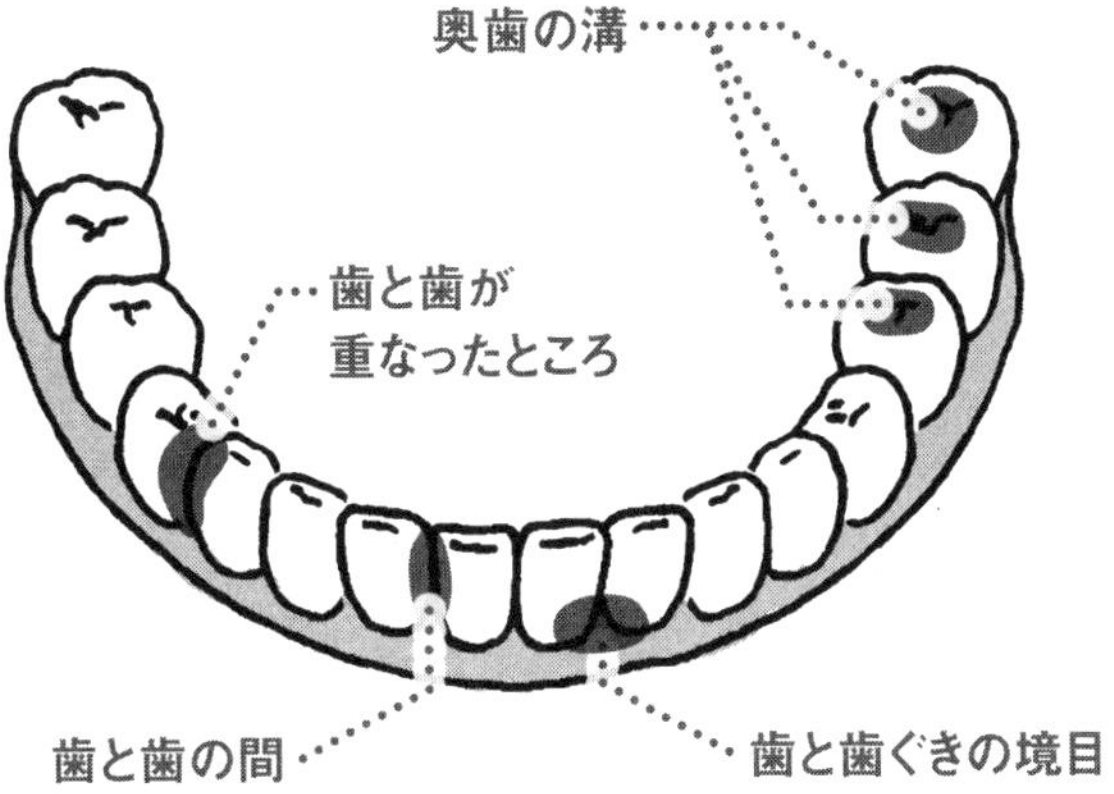

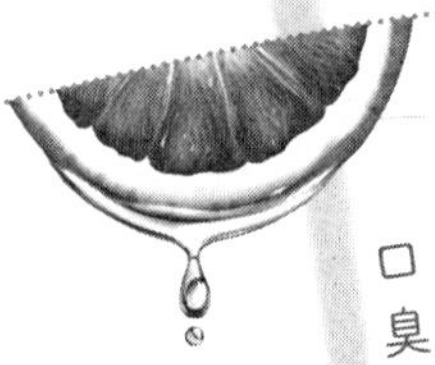

口臭予防・細菌除去

寝起きのうがいで口臭を止める！

誰にでもある口臭を「生理的口臭」といいます。中でももっとも強いのが**朝の寝起きの口臭**です。寝ている間に唾液の量が減り、口が乾燥して口臭菌が増えるからです。

口臭菌が**揮《き》発《はっ》性《せい》硫《い》黄《おう》化《か》合《ごう》物《ぶつ》（ＶＳＣ）**という物質を多く発生させ、卵の腐った臭いを生じさせるのです。実際、朝の寝起きには寝る前の30倍も、口の中の細菌が増えています。

自分では気がつきにくいものですが、30㎝以内の距離に誰かがいると、その人には口臭が伝わってしまいます。身近な関係であればあるほど、自分では気がつかない口臭を、相手は感じとっていると思ってください。

口の中の細菌は1人ひとり種類が異なっており、独自の種類の細菌が棲みついています。

独身時代に異なっていたカップルの口の中の細菌は、結婚すると同じ種類になり、結婚後数年たつとそれぞれ違ってきます。さらに時間が経過すると、2人の菌の種類はまったく違うものになります。これはキスの回数と関係があるのでしょう。キスの回数が多ければ多いほど、口の中の細菌の種類は似て、少なくなればなるほど違ってくるというわけです。

とはいえ、細菌の種類の違いにかかわらず、寝起きの口の中にはたくさんの細菌がいることには変わりありません。

寝起きでうがいもせずにそのまま朝食をとると、30倍に増えた細菌を朝食と一緒に体に入れてしまうことになります。

口の中で増えた細菌は腸内細菌にも影響を及ぼすので注意が必要です。

生理的口臭は、口の中を水分で潤すことで解消できます。うがいをすれば、すぐに口臭はなくなります。

朝起きたときは、**水道水でのうがい**が有効です。

30~50㎖の水を口に含んで、ぶくぶくうがいをします。全体的に水が口の中に行き渡るように、唇と頬をふくらませたり凹ませたりして勢いよく10回うがいをします。これを3回、繰り返します。

知覚過敏で歯がしみる人は、起床時の直後は歯の神経が敏感なことがあるので、冷たい水でのうがいは避けましょう。

参考文献

- Master Cleanse (Lemonade) Diet: Does It Work for Weight Loss?
  Erica J. Healthline. On July 17, 2018.
  https://www.healthline.com/nutrition/master-cleanse-lemonade-diet

- Lemonade Diet: This Strict Weight Loss Diet Includes Drinking Only Lemon Juice For 10 Days. NDTV Food. On August 27, 2018.
  https://food.ndtv.com/food-drinks/lemonade-diet-this-strict-weight-loss-diet-includes-drinking-only-lemon-juice-for-10-days-1843964

- Why you Should Start the Lemon Diet If You Want to Lose Weight. LIMMI.
  https://www.limmi.it/en/why-start-lemon-diet-to-lose-weight/

- 9 Reasons to use Lemon Water for your Weight Loss Goals. VITAGENE. On September 26.
  https://vitagene.com/blog/lemon-for-weight-loss/

- Does Lemon Water Help You Lose Weight? Rachael Link. Healthline. On June 11, 2017.
  https://www.healthline.com/nutrition/lemon-water-for-weight-loss

- 7 Ways Your Body Benefits from Lemon Water. Natalie Olsen. Healthline. On May 11, 2019.
  https://www.healthline.com/health/food-nutrition/benefits-of-lemon-water

- Benefits of drinking lemon water. Atli Arnarson. MEDICAL NEWS TODAY. On May 14, 2020. https://www.medicalnewstoday.com/articles/318662
- 9 Amazing Benefits of Lemon Water + How To Drink It. Lacey Baier. Health & Wellness. On August 12, 2020. https://www.asweetpeachef.com/benefits-of-lemon-water/
- Ask a Dietitian: Does Lemon Water Encourage Weight Loss? Beth Krietsch. BYRDIE. https://www.byrdie.com/lemon-water-for-weight-loss-5071971
- Lemon detox diet reduced body fat, insulin resistance, and serum hs-CRP level without hematological changes in overweight Korean women. Mi Joung Kim, et al. *Nutres Research*. 409-420: 35, Issue 5, May 2015.
- How to Make Lemon Water. Olena Osipov. iFOODreal. On January 1, 2020. https://ifoodreal.com/how-to-make-lemon-water/
- Effects of long-term exposure of lemon essential oil odor on behavioral, hormonal and neuronal parameters in male and female rats. Ilaria C, et al. *Brain Research*. 78-86, 1001: 2004.
- 13 Ways to Increase Endorphins. Daniel Bubnis. Healthline. On September 27, 2019. https://www.healthline.com/health/how-to-increase-endorphins
- 7 Endorphin Releasing Foods (To Make You Smile). Nutrifix. On August 9, 2018. https://nutrifix.co/nutrition-blog/7-endorphin-releasing-foods-make-smile/

・7 Ways to Boost Your Morning Endorphin Levels for Happier Days.
Jacquelyn Cafasso. Healthline. On December 2, 2020.
https://www.healthline.com/health/mental-health/boost-your-morning-endorphin-levels

・How to Boost Serotonin, Dopamine and Endorphins, the Happiness Hormones. Rosie Siefert. The Active Times. On January 27, 2020.
https://www.theactivetimes.com/healthy-living/boost-happiness-hormones

・「レモンの健康効果に関する研究の動向」（著：堂本時夫／『人間と科学：県立広島大学保健福祉学部誌』／1-9, 13: 2013）

・7 Reasons to Start Your Day With Lemon Water: A simple habit that can yield big results. Health Essentials. On January 17, 2020.
https://health.clevelandclinic.org/7-reasons-to-start-your-day-with-lemon-water-infographic/

・Swollen Gums Treatment. Fast Med. On March 28, 2016.
https://www.fastmed.com/health-resources/swollen-gums-treatment/

・How to reduce dental plaque. Humana.
https://www.humana.com/dental-insurance/dental-plaque

・*The lemon juice diet*, Theresa Cheung, New York, 2008.

・『カラダが脂肪燃焼マシンに変わる 代謝革命ダイエット』（著：アン・ルイーズ・ギルトマン、訳：桜田直美／かんき出版、２０２０年）

・『トロント最高の医師が教える 世界最新の太らないカラダ』（著：ジェイソン・ファン、訳：多賀谷正子／サンマーク出版、２０１９年）

・『歯科医師が考案　毒出しうがい』（著：照山裕子／アスコム、２０１７年）

・『えっ!? まだ始めていないんですか？ お口からの感染予防：ウイルスも細菌も、お口から入って来る！』（著：宮本日出／Ｇａｌａｘｙ、２０２０年）

・「在宅における口腔内細菌の除去方法の検討①：健常者の舌に注目して」（『福岡県立大学看護学研究紀要』／40-46、７：２０１０）

・Effectiveness of tongue brush usage on taste sensitivity for smokers. Ueda Chisato, et al. SCRP. 2010.

・Impact of tongue cleansers on microbial load and taste.
M.Quirynen, et al. *Journal of Clinical Periodontology*. 506-510, 31: 2004.

・Tongue coating and tongue brushing: a literature review. M. M. Danser, et al. *International Journal of Dental Hygiene*. 151-158, 1: 2003.

・3 Reasons To Use A Tongue Cleaner. Colgate.
https://www.colgate.com/en-us/oral-health/adult-oral-care/three-reasons-to-use-a-tongue-cleaner

・「レプチンと自己免疫疾患」（著：藤田義正／『日本臨床免疫学会会誌』155-159: 40, 2017）

- Oral sensitivity to fatty acid, food consumption and BMI in human subjects. Jessica E. Stewart, et al. *British Journal of Nutrition*. 145-152, 104: 2010.

- Effect of annatto-extracted tocotrienols and green tea polyphenols on glucose homeostasis and skeletal muscle metabolism in obese male mice. Eunhee Chung, et al. *The Journal of Nutritional Biochemistry*. 36-43, 67: 2019.

- Lemon polyphenols suppress diet-induced obesity by up-regulation of mRNA levels of the enzymes involved in β-oxidation in mouse white adipose tissue. Yoshiko Fukuchi, et al. *The Journal of Clinical Biochemistry and Nutrition*. 201-209, 433: 2008.

- Umami taste disorder is a novel predictor of obesity. Einosuke Mizuta, et al. Hypertension Research. On December 7, 2020.
  https://doi.org/10.1038/s41440-020-00588-9

- 「味覚閾値測定ならびに味覚閾値に影響する要因に関する研究」（著：澤田真人／『口腔病学会誌』／28-41, 71: 2005）

- 「食生活状況と味覚感度に関する研究」（著：矢島由佳、他／『仙台白百合女子大学紀要』／169-179, 20: 2018）

- 「甘味とその美味しさを選択的に伝える神経の発見」（著：中島健一朗）
  https://www.chart.co.jp/subject/rika/scnet/66/Snet66-3.pdf

- 「味覚受容体による味シグナル入力と脳での味知覚出力のギャップの解明」（著：日下部裕子／『科学研究費助成事業：研究成果報告書』／２０１９年）
  https://kaken.nii.ac.jp/ja/file/KAKENHI-PROJECT-16K00840/16K00840seika.pdf

・「味覚のメカニズム」（著：栗原堅三／『計測と制御』／20: 517-524, 1981）

・Delayed first active-phase meal, a breakfast-skipping model, led to increased body weight and shifted the circadian oscillation of the hepatic clock and lipid metabolism-related genes in rats fed a high-fat diet. Hatsumi Shimizu, et al. Social Psychiatry: Collection; Plos One. On October 31, 2018.
https://journals.plos.org/plosone/article?id=10.1371/journal.pone.0206669

・Expression of the candidate fat taste receptors in human fungiform papillae and the association with fat taste function. Dongli Liu, et al. British Journal of Nutrition. On June 25, 2018.
https://www.cambridge.org/core/journals/british-journal-of-nutrition/article/expression-of-the-candidate-fat-taste-receptors-in-human-fungiform-papillae-and-the-association-with-fat-taste-function/BEE5B81FACE65E98C6D6E9DA881DDEF3

・「あなたは〝脂肪味〟を感じますか？ 最新研究！ 味覚が健康を左右する」（クローズアップ現代［ＮＨＫ］／２０１９年６月13日放送）。
https://www.nhk.or.jp/gendai/articles/4293/index.html

・「肩こりさん必見!! 肩こりの特効薬は、上向き姿勢」（RUNNING style. ２０１８年10月12日）
https://funq.jp/running-style/article/473303/

・The associations of eating behavior and dietary intake with metabolic syndrome in Japanese: Saku cohort baseline study. Akemi Morita, et al. Journal of Physiological Anthropology. December 14, 2020.
https://jphysiolanthropol.biomedcentral.com/articles/10.1186/s40101-020-00250-w

・Oral care and pneumonia. Takeyoshi Yoneyama, et al. THE LANCET. August 07, 1999.
https://www.thelancet.com/journals/lancet/article/PIIS0140-6736(05)75550-1/fulltext

・Salivary Glands: Potential Reservoirs for COVID-19 Asymptomatic Infection. J Xu, et al. Journal of Dental Research. On April 9, 2020.
https://journals.sagepub.com/doi/10.1177/0022034520918518?url_ver=Z39.88-2003&rfr_id=ori:rid:crossref.org&rfr_dat=cr_pub%3dpubmed

・Comparison of weight-loss diets with different compositions of fat, protein, and carbohydrates. Frank M Sacks, et al. *The New England Journal of Medicine*. 859-873, 360: 2009.

・「消費者に定着しつつある 飲食店のテイクアウト・デリバリーサービス」株式会社日本政策金融公庫　２０２０年12月15日
https://www.jfc.go.jp/n/findings/pdf/seikatsu20_1215a.pdf

・かぜ（感冒）・インフルエンザ等　季節性疾患（入院外）の動向に関するレポート【平成24年度版】
https://www.kenporen.com/toukei_data/pdf/chosa_h25_12.pdf

・日本食品標準成分表２０２０年版（八訂）
https://www.mext.go.jp/a_menu/syokuhinseibun/mext_01110.html

できたらチェックを入れる

その日の食事メニュー、
飲んだ水の量を記入

うがいチェックシート

	1日目	2日目	3日目	4日目	5日目	6日目	7日目	8日目	9日目	10日目
	朝 昼 夜	朝 昼 夜	朝 昼 夜	朝 昼 夜	朝 昼 夜	朝 昼 夜	朝 昼 夜	朝 昼 夜	朝 昼 夜	朝 昼 夜
レモン水うがい	✓ ✓ ✓	✓ ✓ ✓	✓ ✓ ✓	✓ ✓ ✓	✓ ✓ ✓	✓ ✓ ✓	✓ ✓ ✓	✓ ✓ ✓	✓ ✓ ✓	✓ ✓ ✓
レモン水を飲む	✓ ✓ ✓	✓ ✓ ✓	✓ ✓ ✓	✓ ✓ ✓	✓ ✓ ✓	✓ ✓ ✓	✓ ✓ ✓	✓ ✓ ✓	✓ ✓ ✓	✓ ✓ ✓
飲んだ水の量	1.5L ペットボトル 1本	1.5L ペットボトル 1本	1.5L ペットボトル 1本	1.5L ペットボトル 1本	1.5L ペットボトル 1本	1.5L ペットボトル 1本	1Lと0.5L ペットボトル 1本ずつ	1.5L ペットボトル 1本	1Lと0.5L ペットボトル 1本ずつ	500ml ペットボトル 3本
食事一覧	朝:食パン1枚、ヨーグルト 昼:おにぎり1つ白菜の漬物、玉子焼き 夜:イカと野菜の炒め物、お吸い物おにぎり1つ	朝:バナナ、ヨーグルト 昼:バターロール1つ、コーンスープ、鶏ささみ入りサラダ 夜:パスタ	朝:ゼリー 昼:おにぎり1つさんまの蒲焼き、鶏ささみ入りサラダ 夜:おにぎり1つレタスサラダ、納豆	朝:バナナ、納豆 昼:ざるそば 夜:カレイの照り焼き、トマトサラダ	朝:納豆 昼:おにぎり、サラダチキン半分、きゅうりの漬物1つ 夜:サラダチキン残り半分、味噌汁	朝:ヨーグルト 昼:にゅう麺、なすの含め煮 夜:焼きアジ、モロヘイヤの和え物味噌汁	朝:バナナ、納豆 昼:おろしなめこうどん 夜:ご飯、鶏ごぼう炒め、オクラとちくわの和え物	朝:バターと塩昆布のオートミール 昼:ご飯、納豆 つくね大葉巻き 夜:スライスバゲット3個、ハンバーグ、サラダ	朝:ヨーグルト 昼:おにぎり1つ梅大根の煮物 夜:おにぎり1つ、筑前煮	朝:バナナ 昼:おにぎり1つ筑前煮 夜:おにぎり1つ、なすの青じそ和え、味噌汁
ポジティブな変化	レモン水はかなり酸っぱいので、飲んだ後は食欲が落ちた。	レモン水で食欲が落ちるため、食事量がいつもより減り体が軽く感じた。	いつもより早く目が冴え、体も軽い気がした。	頑固な便秘が解消した！おかげで1日すっきりした気持ちで過ごせた。	いつもの半分以下の食事でも満足するようになった。	野菜が多めでも満足感が高い。朝目が覚めるのが早くなった。	体重の減少を感じられるようになった。	数日ぶりに会った同僚に「肌がきれいなったね」と言われた。	今日は珍しくお通じが2回あった。	今日もお通じがあった。お腹だけでなく、手首や方が細くなってきたように思う。
言い訳	お腹がすくのが早いので、間食しそうになった。	つきあい 夜は多めに食 をとってしまった	今日は少なめにしたが、昨日のパスタが響いている。	おにぎりよりは、お蕎麦のほうがいいかなと思った。	気を抜くと噛む回数が減。	体重の減り方がおだやかになってきた。	昼と夜の食事間隔が短かった。	夜はちょっと食べてしまったなあと思った。	ウエストは細くなってきたが、その分下腹部が目立つ。	今日は目標達成できなかった。

身体に起こった
ポジティブな変化を記入

できなかったときの言い訳の記入
（自分を責めない）

体重日記・うがいチェックシートの書き方

ダイエットスタート時の
体重・身長・BMI・目標体重を記入

毎日、朝・夜の体重を記入
（ウエスト周りや体脂肪も計測できればベスト）

体重日記

開始時		
体重	55.4	kg
身長	159	cm
BMI	21.9	
目標体重		
	50.4	kg
終了時		
体重	52.1	kg
身長	159	cm
BMI	20.6	

	1日目		2日目		3日目		4日目		5日目		6日目		7日目		8日目		9日目		10日目	
	朝	夜	朝	夜	朝	夜	朝	夜	朝	夜	朝	夜	朝	夜	朝	夜	朝	夜	朝	夜
体重（kg）	55.4	55.2	54.6	54.8	54.6	54.9	53.9	54	53.5	53.4	53.2	53.1	53	53.[illegible]	52.7	53.1	52.3	52.5	51.8	52.1
ウエスト周り（cm）	67		66		66		66		65		64		64		64		64		64	
体脂肪（%）	31.5		30.3		30.5		29.7		30.1		30		29.5		28.7		27.8		27.6	

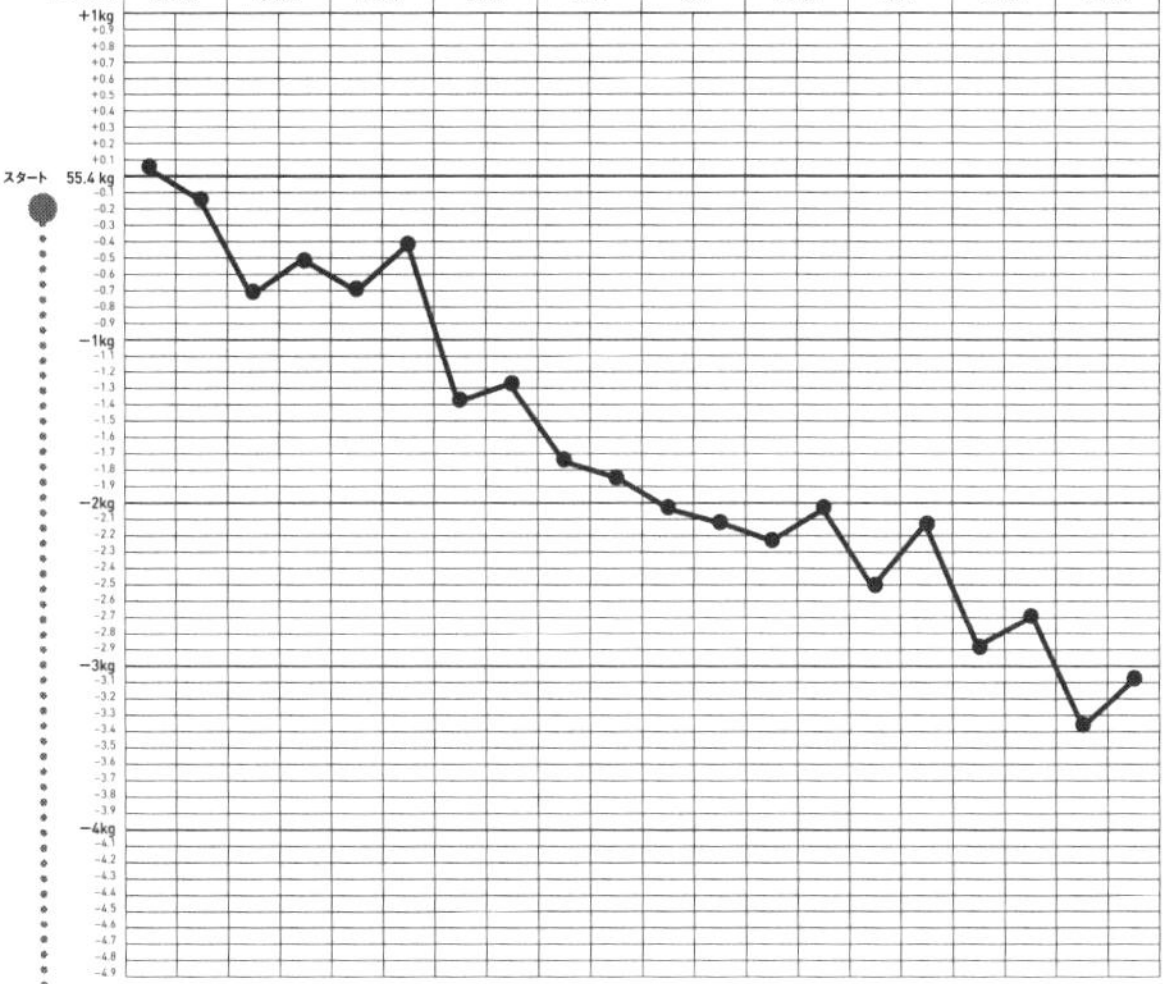

ダイエットスタート時の体重を記入

ダイエット終了時の体重・身長・BMIを記入

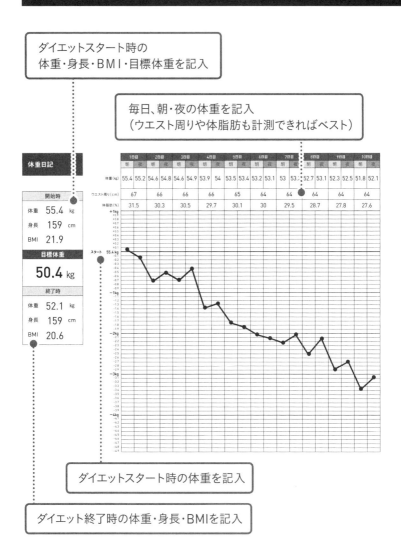

6日目			7日目			8日目			9日目			10日目		
朝	昼	夜	朝	昼	夜	朝	昼	夜	朝	昼	夜	朝	昼	夜

うがいチェックシート

	1日目			2日目			3日目			4日目			5日目		
	朝	昼	夜	朝	昼	夜	朝	昼	夜	朝	昼	夜	朝	昼	夜
レモン水うがい															
レモン水を飲む															
飲んだ水の量															
食事一覧															
ポジティブな変化															
言い訳															

4日目		5日目		6日目		7日目		8日目		9日目		10日目	
朝	夜	朝	夜	朝	夜	朝	夜	朝	夜	朝	夜	朝	夜

体重日記

開始時	
体重	kg
身長	cm
BMI	

目標体重
kg

終了時	
体重	kg
身長	cm
BMI	

	1日目		2日目		3日目	
	朝	夜	朝	夜	朝	夜
体重(kg)						
ウエスト周り(cm)						
体脂肪(%)						
+1kg						
+0.9						
+0.8						
+0.7						
+0.6						
+0.5						
+0.4						
+0.3						
+0.2						
+0.1						
スタート kg						
−0.1						
−0.2						
−0.3						
−0.4						
−0.5						
−0.6						
−0.7						
−0.8						
−0.9						
−1kg						
−1.1						
−1.2						
−1.3						
−1.4						
−1.5						
−1.6						
−1.7						
−1.8						
−1.9						
−2kg						
−2.1						
−2.2						
−2.3						
−2.4						
−2.5						
−2.6						
−2.7						
−2.8						
−2.9						
−3kg						
−3.1						
−3.2						
−3.3						
−3.4						
−3.5						
−3.6						
−3.7						
−3.8						
−3.9						
−4kg						
−4.1						
−4.2						
−4.3						
−4.4						
−4.5						
−4.6						
−4.7						
−4.8						
−4.9						

宮本日出
メールマガジンの
お知らせ

宮本日出のメディア出演情報など
最新の情報をお届けします。
メールマガジンの配信を希望されるお客様は、
以下のアドレスあてに
空メールをお送りいただくか、
以下の QR コードからご登録ください。

↓

mm-cdj2-1407@jcity.com

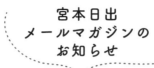

著者紹介

宮本日出（みやもと・ひずる）

歯科医師、口腔外科評論家。

1990年愛知学院大学歯学部卒業後、アデレード大学（歯学博士［Ph.D］取得）、明海大学で口腔外科最先端医療の臨床的、基礎的研究に従事し、アメリカ、イギリス、オランダ、ドイツ、オーストラリア、日本で160編を超える医学論文を発表。2000年には第13回日本顎関節学会学術大会で優秀賞を受賞。2007年幸町歯科口腔外科医院（埼玉県志木市）を開業。現在は、「ホンマでっか!?TV」（フジテレビ）、「AWAKE」（bayfm）などのTV・ラジオ出演をはじめ、Yahoo!ニュース、ダイヤモンド・オンライン、PRESIDENT Online、歯科医療最大級のwebサイト「WHITE CROSS」などのウェブメディア、患者さんと歯科医院をつなぐ治療説明用マガジン「nico」（クインテッセンス出版）などで情報を発信し、話題の歯科医師として幅広く活躍中。

『デブ味覚《みかく》』リセットで10日《か》で−3kg！

レモン水《すい》うがいダイエット 〈検印省略〉

2021年 7 月 21 日 第 1 刷発行

著 者――宮本 日出（みやもと・ひずる）

発行者――佐藤 和夫

発行所――株式会社あさ出版

〒171-0022 東京都豊島区南池袋 2-9-9 第一池袋ホワイトビル 6F

電 話 03（3983）3225（販売）

03（3983）3227（編集）

F A X 03（3983）3226

U R L http://www.asa21.com/

E-mail info@asa21.com

印刷・製本（株）シナノ

note http://note.com/asapublishing/

facebook http://www.facebook.com/asapublishing

twitter http://twitter.com/asapublishing

ISBN978-4-86667-285-4 C2077

あさ出版好評既刊

40代からの食べてやせる キレイな体のつくり方

三田智子 著

四六判　定価1320円　⑩

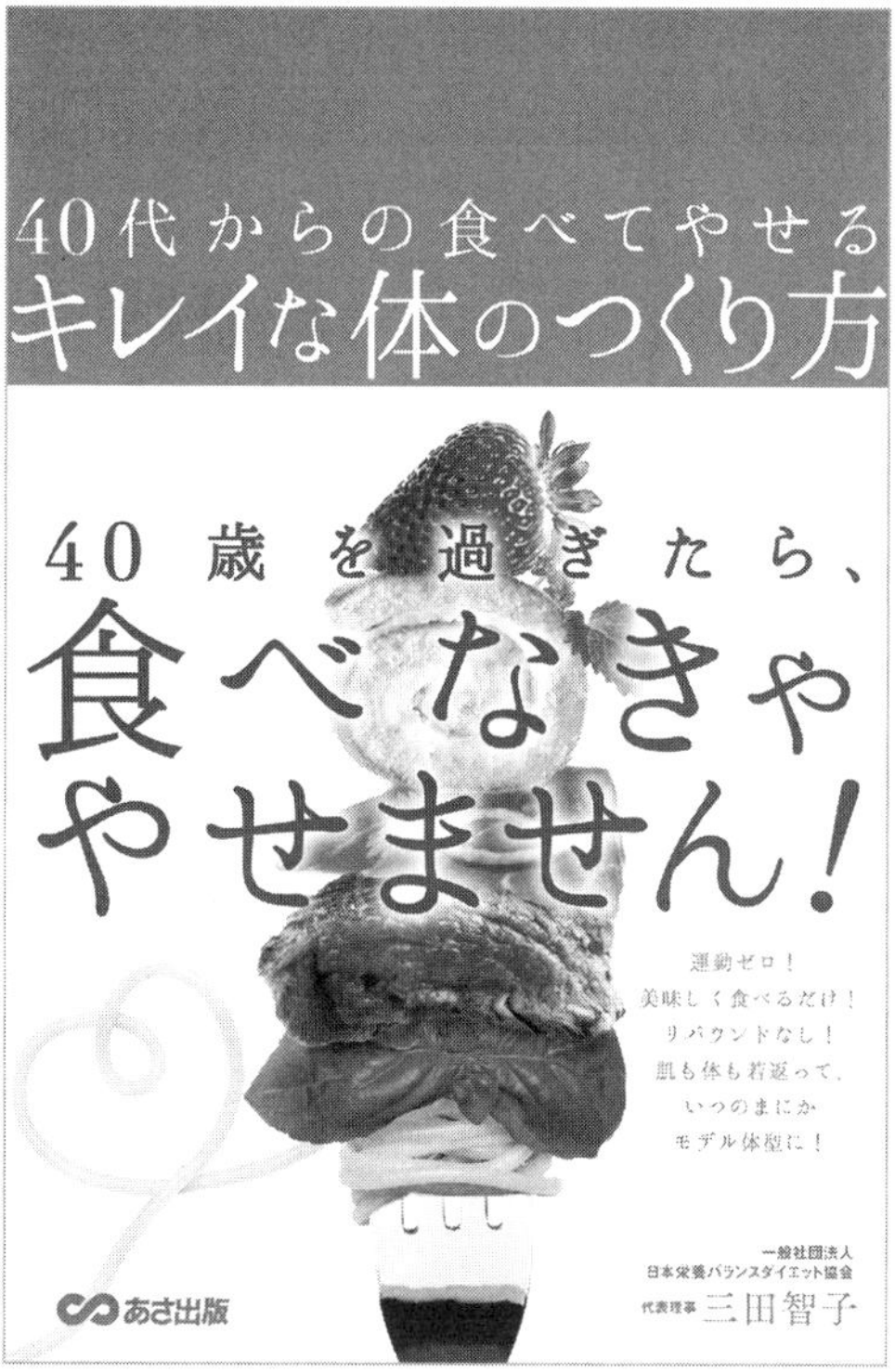